Jan Vermeer

Warum verfolgst du mich?

Bewegende Erfahrungen
mutiger Christen in sechs Ländern

Brunnen Verlag/Open Doors

Die englischsprachige Originalausgabe erschien unter dem Titel
„Why do you persecute Me? – True stories from the Persecuted Church"
bei Open Doors International, Santa Ana/Kalifornien.
© 2013 by Open Doors International

Deutsch von Dr. Friedemann Lux

© der deutschen Ausgabe: 2014 Brunnen Verlag Gießen
Umschlagfoto: Getty Images
Umschlaggestaltung: Sabine Schweda
Satz: DTP Brunnen
Druck: CPI – Ebner & Spiegel, Ulm
ISBN 978-3-7655-4237-4

Dieses Buch widme ich
meiner Frau und meinen Kindern, die fest zu mir stehen,
den Mitgliedern unseres Bibelkreises, die so treu im Gebet sind,
Allina, Lee Joo-Chan, Hyo, Hea Woo, Haik, Mehdi, Achmed, Noviana
und Aaina, von denen ich so viel gelernt habe,
und Gott dem Vater, Sohn und Heiligen Geist,
dem alle Ehre und Anbetung gebührt.

„Manchmal musst du im Leben einfach beten und dranbleiben."
(amerikanischer Kriegsveteran)

*„Der ist kein Narr, der hergibt, was er nicht behalten kann,
um das zu gewinnen, was er nicht verlieren kann."*
(Jim Elliot)

*„Das Himmelreich gleicht einem Schatz, verborgen im Acker,
den ein Mensch fand und verbarg; und in seiner Freude ging er hin
und verkaufte alles, was er hatte, und kaufte den Acker."*
(Jesus Christus nach Matthäus 13,44;
revidierte Lutherbibel)

Inhalt

Vorwort   11

1 Allina: Zum Äußersten bereit   19

2 Lee Joo-Chan und Hyo: Amazing Grace   37

3 Hea Woo: Mission im Arbeitslager   77

4 Haik und Mehdi: Das Feuer ist
   für uns der sicherste Ort   99

5 Achmed: Schwierige Entscheidungen   123

6 Die Reise zur Vergebung   143

7 Aaina: Wenn ich auf Jesus sehe,
   gehe ich nicht unter   153

8 Jan: Der Glaube – hoffen auf das,
   was man nicht sieht   171

   Der Dienst von Open Doors   184

9

Vorwort

Er stürzte zu Boden und hörte eine Stimme:
„Saul, Saul, warum verfolgst du mich?"
Lukas (Apostelgeschichte 9,4)

Ich schreibe dieses Kapitel in Jos, der Hauptstadt des Bundesstaates Plateau in Nigeria. Etliche christliche Einwohner haben mir versichert, dass *Jos* für „Jesus our Savior" steht („Jesus unser Retter)". Hier zu sein, weckt eigenartige Gefühle. Die Menschen in dieser Stadt sind nicht alle friedliebend; manche wünschen mir den Tod. Weil ich aus dem Westen komme. Weil ich den Christen vor Ort Mut machen möchte. Weil ich zu Christus gehöre.

Vor ein paar Stunden bin ich mit dem Taxi in Jos angekommen. Das Flugzeug, das mich von Lagos im Süden nach Jos im Norden bringen sollte, war schon gestartet, als ich den Flughafen erreichte. „Wir hatten dem Reisebüro die geänderte Abflugzeit mitgeteilt", sagte der Mann am Abflugschalter. Nun, diese Mitteilung hatte mich nicht erreicht, und so nahm ich den Flug nach Abuja, von wo aus man mit dem Taxi in vier Stunden Jos erreicht.

In Jos hießen mich ein paar nigerianische Open Doors-Mitarbeiter herzlich willkommen. Fast nebenbei erwähnten sie: „Heute Morgen gab es hier einen Anschlag auf eine Kirche, mit mehreren Toten und vielen Verletzten."

Mir wurde ganz anders zumute. Christenverfolgung ist heute keine vereinzelte Erscheinung mehr, sie findet an vielen Orten statt, dessen war ich mir sehr bewusst. Aber es ist nicht dasselbe, ob man Hass-E-Mails bekommt oder mit den Hassern selbst konfrontiert wird.

„Was ist da passiert?", fragte ich.

„Zwei Männer fuhren in einem Auto. Sie hielten genau auf die Kirche zu. Der eine Mann sprang im letzten Augenblick aus dem Wagen, der andere ließ das Auto in die Kirche krachen und zündete eine Bombe. Zum Glück gab es nur vier Tote, darunter der Selbstmordattentäter."

„Und warum nur vier?"

„Die Bombe war hinten im Auto. Sie können auf den Fotos sehen, dass nur der Motor in der Kirche liegt; der Rest des Wagens explodierte nach hinten und nicht in die Kirche hinein."

Ich musste an die Worte von Jesus denken, die ich im Flugzeug gelesen hatte. In Lukas 21 sagt er seinen Jüngern das Ende unserer Welt voraus. Bevor das Ende kommt, sagt er, werden sie *euch* verfolgen. Die Menschen, die ihm nachfolgen, werden um seines Namens willen vor Könige und Machthaber gestellt werden. Freunde, ja Verwandte werden sie verraten, und manche werden umkommen. Und doch verheißt Jesus: „Aber ohne Gottes Willen wird euch kein Haar gekrümmt werden" (Lukas 21,18).

War das nicht ein Widerspruch in sich? Und was für ein Trost waren diese Worte für die Hinterbliebenen der Opfer? Konnte dieser Bibelvers die Wut der christlichen Jugendlichen dämpfen, die nach diesem Selbstmordanschlag zwei Muslime töteten und mehrere muslimische Läden anzündeten?

Drei Tage zuvor hatte ich mich mit einem Kirchenvertreter aus einem anderen Teil der muslimischen Welt zum Mittagessen verabredet. Danach sollte ich ihn zum Flughafen von Amsterdam fahren. Eine halbe Stunde vor unserem Termin rief er mich an. Ich hörte die Spannung in seiner Stimme. „Jan", sagte er, „es tut mir leid, aber ich glaube, das Mittagessen schaff ich nicht. Wir haben hier ein Problem. Es ist etwas Ernstes. Ich schlage vor, wir treffen uns um eins und unterhalten uns auf dem Weg zum Flughafen."

Ich stimmte zu und legte auf. Im Land dieses Mannes hängt über allen Christen ständig das Damoklesschwert schwerer Verfolgung. Gerade hatte es die Frau eines seiner Mitarbeiter getroffen. Dieses Schwert hat einen Namen: „Blasphemiegesetz" – das strikte Verbot, den Islam oder den Propheten Mohammed zu beleidigen. Es reicht, dass jemand dieses Vergehens *beschuldigt* wird, Beweise sind nicht erforderlich. Die Polizei ist verpflichtet, in Aktion zu treten und tut dies auch.

„Sie war in ihrem Dorf und ging ihrer ganz normalen Arbeit nach", erzählte mir der Pastor, als wir im Auto saßen. „Ich weiß nicht, warum oder von wem sie der Blasphemie beschuldigt wurde."

Sein Handy klingelte. Er sprach mit jemandem aus seiner Gemeinde und legte seufzend wieder auf. „In dem Dorf, wo sie wohnt, gibt es gerade eine Demonstration."

„Die Leute demonstrieren für sie?"

Er schüttelte den Kopf. „Gegen sie. Einige ihrer Kollegen. Die Polizei wird die Frau verhaftet haben – Schutzhaft sozusagen."

Natürlich. Es war leichter, das Opfer festzunehmen, als den Mob zurückzuhalten.

Der nächste Anruf, diesmal kürzer. Der Pastor sagte nur: „Okay, okay." Als er aufgelegt hatte, erklärte er mir: „Ihr Mann ist nicht zu Hause, aber Leute aus der Gemeinde kümmern sich um die Kinder. Wir werden sie an einen anderen

Ort bringen, sie haben furchtbare Angst. So ist das ständig bei uns. Wir haben nicht den Luxus wie ihr, dass wir einfach am Schreibtisch sitzen und ganz normal arbeiten können. Alle halbe Stunde kommen solche Sachen, manchmal noch öfter."

Es klang halb anklagend, aber ich wusste: Der Mann war einfach frustriert.

„Das muss echt hart für euch sein", sagte ich.

„Weißt du", sagte er, „einerseits möchten wir für unser Land und für das Reich Gottes arbeiten. Wir wollen etwas erreichen. Aber andererseits fragen wir uns manchmal, was das alles soll. Jetzt muss ich einen Anwalt anrufen."

Das Telefon des Anwalts klingelte mehrere Male, dann sprang der Anrufbeantworter an. Als der Pastor aufgelegt hatte, sagte er: „Heute ist nicht viel Verkehr."

„Stimmt. Dies ist eine gute Tageszeit zum Autofahren."

Wieder ein Anruf. Ein Rechtsanwalt war unterwegs zum Polizeirevier. „Kannst du dir das vorstellen? Dass so eine liebe, nette Frau jetzt von der Polizei verhört wird? Wir müssen sie da rausholen, heute noch! Wir müssen verhindern, dass sie die Nacht in der Zelle verbringt, sonst ist sie sozusagen vorbestraft."

„Und was würde das bedeuten?"

„Das Ende ihres Lebens."

Ich wusste, was er meinte. War erst einmal offiziell Anklage gegen die Frau erhoben, würde sie inhaftiert bleiben, bis der Richter das Urteil sprach, und das konnte Jahre dauern. Die Gefängnisse in diesem Land waren, gelinde gesagt, keine Sanatorien, und selbst nach einem Freispruch wäre die Frau für den Rest ihres Lebens als Gotteslästerin gebrandmarkt. Sie würde entweder untertauchen oder aus dem Land fliehen müssen. Also musste sie heute noch freikommen!

„Ich hoffe, du weißt, Jan, wie du jetzt richtig für uns betest", sagte er.

„Ich weiß, worum ich beten muss, aber ich weiß nicht, wie."

Schweigen. Hin und wieder sah ich aus dem Augenwinkel, wie der Pastor einnickte. Ich betete allein, mit den paar Worten, die mir in den Sinn kamen.

Kurz bevor wir den Flughafen von Amsterdam erreichten, beteten wir noch einmal gemeinsam (ich mit offenen Augen). Der Pastor bat um Weisheit für alle Betroffenen und nannte sie mit Namen. Er sprach die Worte aus, aber sie hatten keine Kraft. Ich fragte mich, ob *meine* Gebete überzeugter klangen, aber wir wussten – oder ich glaubte –, dass Gott auch jetzt im Regiment saß.

Während ich in Jos dieses Vorwort schreibe und auf die letzte Woche zurückblicke, sehe ich, dass meine Jahre bei Open Doors mehr waren als nur ein Dienst der Ermutigung für die verfolgte Kirche. Ich bin tiefem Schmerz und Leid begegnet – beides finden Sie in diesem Buch wieder. Die Begegnungen mit verfolgten Christen haben mich selbst aufgewühlt und meinen Glauben an Jesus verändert.

Sie werden viele Fragen haben, auf die ich nicht immer eine befriedigende Antwort weiß. Aber ich hoffe, Sie werden auch entdecken: Wo Jesus ist, ist immer auch Hoffnung. Die verhaftete Frau, die ich erwähnt habe, wurde noch am gleichen Abend freigelassen und konnte zurück zu ihrer Familie. Doch in Pakistan sitzt Asia Bibi aufgrund desselben Blasphemiegesetzes weiter in der Todeszelle. Zwei hochrangige Männer, die sie schützen wollten, sind ermordet worden und die Mörder werden als Helden gefeiert. Aber wer weiß, was hinter Gittern in Asias Herz geschieht? Jetzt, wo man ihr alles andere genommen hat, bleibt ihr nur ein einziger Halt: die Hand von Jesus. Und wie so viele andere verfolgte Christen bezeugt sie seine Liebe. Aber warum wird der eine Christ in einer bestimmten Situation bewahrt und ein anderer kommt ums Leben oder landet hinter Gittern?

Auf diese Frage habe ich keine Antwort. Wir wissen nicht, wie unser Leben enden wird, aber wir dürfen wissen, dass Gott immer in der Nähe ist. Er ist der Herr, er ist allmächtig und weiß alles. Und er liebt uns in jeder Situation.

Nehmen wir Aaina, die Frau, die Sie in Kapitel 7 kennen-lernen werden. Sie lebte in einem fremden Land, hatte nicht genug Geld, hatte ihren Mann seit Jahren nicht gesehen, litt unter körperlichen und psychischen Problemen. Bei alledem musste sie die Ungewissheit aushalten, ob der lange Arm ihrer wohlhabenden Familie sie nicht doch eines Tages aufspüren würde. Ich fragte sie: „Wie schaffen Sie das alles bloß?" Wor-auf sie leise, aber selbstbewusst erwiderte: „Tief in mir habe ich diese große Freude."

Kein Haar wird ihr gekrümmt werden … Jesus hat uns ewi-ges Leben versprochen und nichts, was uns widerfahren kann, kann daran etwas ändern. Jesus selbst musste leiden, um dies möglich zu machen, aber er hielt durch, wegen der Freude, die auf ihn wartete.

Ich bete, dass die Lebensgeschichten in diesem Buch Ihnen helfen werden, diese Freude zu entdecken. Damit Ihr Glaube stärker wird.

Noch ein letzter Hinweis: Obwohl ich manchmal in den Ge-schichten vorkomme, ist dies kein Buch über mich. Genau betrachtet ist es noch nicht einmal ein Buch über die verfolgten Christen, die die Hauptrollen in ihm spielen. Die Worte, die Jesus auf der Straße nach Damaskus zu Saulus sagte, hallen noch heute wider: „Warum verfolgst du mich?"

Unser Herr und Heiland nimmt Christenverfolgung zutiefst persönlich. Eigentlich ist es ja er selbst, der verfolgt wird. Aber er ist auch dann der Sieger, wenn es nicht danach aussieht. In den Glaubenszeugnissen in diesem Buch sehen wir immer wieder die Hand Gottes. Das ganze Buch dreht sich um ihn. Darum endet jedes Kapitel mit dem Abschnitt „Die Bibel im Leben von XY". Wir sehen, wie die Bibel im Leben dieser Menschen lebendig wird und was wir von ihnen für unser Leben lernen können.

Ich hoffe, dass Sie in diesem Buch der verfolgten weltweiten Kirche begegnen. Das wird Ihren Glauben möglicherweise herausfordern. Sie müssen das, was den verfolgten Christen widerfährt, nicht genauso deuten wie die Betroffenen selbst. Ihre Lebensgeschichten wollen uns vor allem nachdenklich machen. Sind wir wirklich ernsthaft Christen, und wie weit trauen wir uns für unseren Glauben zu gehen?

Durch das Gesetz nämlich war ich zum Tode verurteilt. So bin ich nun für das Gesetz tot, damit ich für Gott leben kann. Mein altes Leben ist mit Christus am Kreuz gestorben. Darum lebe nicht mehr ich, sondern Christus lebt in mir! Mein vergängliches Leben auf dieser Erde lebe ich im Glauben an Jesus Christus, den Sohn Gottes, der mich geliebt und sein Leben für mich gegeben hat. Paulus (Galater 2,19-20)

1

Allina: Zum Äußersten bereit

Tschetschenien

Die Autoscheinwerfer beleuchten das Innere der Schule. Unter den offenen Fenstern, die 1,80 Meter hoch sein mögen, lehnen wie stumme Wächter Kränze an der Wand. Ich gehe hinein und fahre mit den Fingern über die Einschusslöcher, während mein Blick zu den Fotos der Lehrer wandert, die hier starben. In der Mitte des dunklen Flurs steht ein Stuhl und auf dem Stuhl sitzt ein kuscheliger rosa Teddy. In seinen Pfoten hält er eine verwelkte Rose. Wer weiß, vielleicht wartet er – vergeblich –, dass sein Besitzer kommt, um ihn zu holen.

Mein tschetschenischer Begleiter, Vashka, zeigt auf ein paar Stellen an der Wand und an der Decke. Sie markierten die Plätze, wo sich die Kinder und Erwachsenen aufstellen mussten. Hier war der Sprengstoff versteckt. Hier ist es passiert. Das Gehirn weigert sich, sich vorzustellen, dass hier mindestens 334 Menschen ihr Leben verloren, darunter 186 Kinder.

Schweigend gehen wir wieder hinaus aus der Schule mit dem nichtssagenden Namen „Schule 1", steigen zurück ins Auto und fahren zum Mahnmal im Zentrum von Beslan. Wie ein Delfin, der aus dem Wasser springt, ragt die Statue aus Bronze hoch. Mütter mit gesenkten Köpfen und ausgestreckten Armen, die ihre Kinder zum Himmel hochheben. Um die Statue herum stehen Grabsteine, große und kleine.

Auf einigen sind Fotos der Menschen, an die sie erinnern. Die Geburtsdaten variieren, der Todestag ist überall derselbe: der 4. September 2004.

Ich mache ein paar Fotos; das ist meine Aufgabe, damit ich den Menschen erzählen kann, was hier geschehen ist. Aber kann ich das überhaupt? Ein Geiseldrama im Kaukasus, in Nordossetien, das zu Russland gehört, verübt durch tschetschenische Rebellen. Es dauerte drei Tage und endete mit einer gewaltigen Schießerei. Ein „Vorfall", der in den Geschichtsbüchern nicht mehr als ein kleiner Absatz sein wird. Doch hier verloren Hunderte von Menschen ihr Leben und für Tausende weitere ist der Alltag für immer grau geworden. In den Augen der tschetschenischen Rebellen (und der muslimischen Kämpfer aus dem Ausland) war dieser Überfall nichts weiter als ein Versuch, die Gewalt, die ihr Land seit mehr als hundert Jahren zerrissen hatte, nach Russland zu tragen – ein weiteres Beispiel dafür, wie schwierig es ist, den Teufelskreis der Rache zu durchbrechen.

Tschetschenien liegt im Kaukasus, nördlich der Türkei, und ist eine autonome Republik innerhalb der russischen Föderation. Der schon seit etlichen Jahren tobende Kampf um die Unabhängigkeit hat bisher nicht zum Ziel geführt. Russland hat eine diktatorische Marionettenregierung im Land eingesetzt, während die Rebellen von muslimischen Extremisten aus dem Ausland bewaffnet und ideologisiert werden. Die Bevölkerung des Landes ist gefangen zwischen Pest und Cholera. Zwei Kriege mit Russland zwischen 1994 und 2009 haben das Land schwer getroffen.

Die Menschen leben in ständiger Angst vor den Elitesoldaten des Präsidenten, vor den russischen Soldaten, die nach wie vor im Land sind, und vor den Rebellen, die an jedem

Rache üben, der „mit dem Feind paktiert". Und mitten in diesem Chaos gibt es Menschen, die heimlich Jesus Christus nachfolgen. Es sind nicht viel mehr als vielleicht hundert; die durchschnittliche Kirchengemeinde im Westen ist größer. Und sie leben unter zwei Millionen Muslimen, für die Glaube und nationale Identität eins sind. Ein „echter Tschetschene" ist muslimisch und wer seinen Glauben verlässt, bringt große Schande über seine Familie. Ein Muslim, der Christ wird, unterschreibt damit sein eigenes Todesurteil.

Vor ein paar Stunden habe ich mit einer dieser Christinnen gesprochen. Heimlich, auf der Rückbank eines Pkws. Es war ein Gespräch, das Gott von langer Hand vorbereitet hatte.

Von Gott geplant

Einige Monate vor meiner Reise nach Tschetschenien sprach ich mit der Open Doors-Koordinatorin für die Region. Sie fragte mich, welches Land ich dort besuchen wollte. Ich sagte: „Tschetschenien." Irgendwie hatte dieses Land etwas; es zog mich einfach an.

Warum? Hatte ich mir nicht geschworen, nie dorthin zu gehen, weil sie da Leute aus dem Westen entführt hatten? Den Niederländer Arjan Erkel vom Roten Kreuz hatten tschetschenische Rebellen jahrelang in Dagestan als Geisel festgehalten. Würde meine Frau mit dem Wissen weiterleben können, dass ihr Mann dort am Kaukasus in irgendeinem Verlies saß? Und wie sollte meine einjährige Tochter ohne Vater aufwachsen? Nach Tschetschenien gehen war der nackte Wahnsinn.

Trotzdem – irgendetwas, das ich nicht in Worte fassen

konnte, zog mich wie magisch dorthin. Ich musste nach Tschetschenien! Warum – das merkte ich erst, als ich in Grosny war. Das Timing war perfekt, auf den Tag und die Stunde genau.

Grosny

Mein Flugzeug ist auf einem Flugplatz ein paar Autostunden von Tschetschenien entfernt gelandet. Wäre ich direkt nach Grosny geflogen, hätten die Grenzbeamten mich mit schwierigen Fragen gelöchert. Und so bin ich stattdessen in ein Nachbarland geflogen, von wo ich nun mit einer Kontaktperson vor Ort, Chechen Vashka, weiterfahre. Er klärt mich kurz darüber auf, was ich zu tun und zu lassen habe. Zu Beginn der Fahrt darf ich einmal das Auto verlassen, um zur Toilette zu gehen, den Rest der Reise muss ich auf dem Rücksitz verbringen. Denn mit meinem hellblonden Haar sehe ich nicht russisch genug aus.

„Es gibt zwei Risiken", erklärt Vashka. „Das erste ist, dass die Polizei dich sieht und mit dummen Fragen kommt. Bevor du bis drei zählen kannst, bist du dein ganzes Geld los und dein Unternehmen ist gescheitert. Die zweite Sache ist noch ernster: Wenn die falschen Leute uns sehen, kidnappen sie uns."

Ich nicke und lege meine Wasserflasche weg. Lieber nicht zu viel trinken, damit ich das Auto auch ganz bestimmt nicht verlassen muss.

Jetzt ist Beten keine schlechte Idee. Zum ersten Mal in meinem Leben kann ich sagen, wie viel mein Kopf wert ist. Hier bin ich entweder eine Million Dollar wert oder gar nichts. Komisch, wie sehr der Wert eines Menschen von der Nationalität in seinem Pass abhängen kann.

Der russische Wagen mit den schwarz getönten Fondscheiben fährt ruhig durch die Berglandschaft, in Richtung auf die schwer bewachte Grenze. Dann und wann lässt der graue Himmel ein paar Tropfen auf die Windschutzscheibe fallen. Wir kommen durch mehrere Checkpoints der Polizei. Nur einmal will jemand meinen Pass sehen.

Vashka erzählt von den Kriegen und von seinem Leben. Es ist die Geschichte eines Mannes, der sich von der Finsternis um ihn herum schier erdrückt fühlt. Zu Trümmerhaufen zerschossene Häuser. Die Angst vor den brutalen russischen Soldaten und den ebenso brutalen tschetschenischen Rebellen. Verwandte und Freunde, die tot oder verschollen sind. Aber es gab auch glückliche Momente. Vashkas Augen glänzen, als er erzählt, wie er seinem ein Jahr alten Sohn im Luftschutzbunker das Laufen beibrachte, während draußen die Bomben fielen.

Jede Minute bringt uns dem Augenblick näher, an dem es wirklich brenzlig werden wird. Alle Open Doors-Mitarbeiter, die viel reisen, haben ihre besonderen Geschichten von Grenzübertritten. Bald werde ich meine eigene erleben.

Vashka ist schon Dutzende von Malen über die Grenze gefahren. Aber je näher wir der Grenze kommen, desto stiller wird er. Eine halbe Stunde, bevor wir da sind, holt er zwei Pillen aus einem Plastikröhrchen, schiebt sie sich in den Mund und schluckt sie, ohne Wasser. „Das ist was zur Beruhigung." Der Krieg ist offiziell zu Ende, aber mit den russischen Soldaten ist immer noch nicht gut Kirschen essen.

Auf der Landkarte ist eine Grenze nur eine Linie. Wenn man vor Ort ist, sieht die Realität anders aus. Dunkle Wolken hängen über Tschetschenien, als ob selbst das Wetter mir klarmachen will, wohin die Reise geht. Will ich das hier wirklich?

Sollte ich nicht besser umkehren? Ich muss an die letzte Nacht denken. Zum ersten Mal seit Jahren hatte ich einen Albtraum. Ich war in Tschetschenien und um mich herum schlugen Artilleriegranaten ein. Schweißgebadet wachte ich auf.

Bodenschwellen aus Beton, die verhindern sollen, dass man zu schnell auf die Grenze zufährt, sind das erste Zeichen, dass wir tatsächlich da sind. Das zweite ist noch unmissverständlicher – ein großes Schild, auf dem in mehreren Sprachen steht: *„Stop! Wer unerlaubt weiterfährt, wird erschossen!"*

Vashka stellt den Motor ab. Mehrere russische Soldaten sitzen an ihrem Posten. Einer steht auf und winkt uns zu sich. Klar, der will unsere Papiere sehen. Ich bete die paar Worte, die mir in den Sinn kommen: „Herr, bitte beschütze uns!"

Der Soldat geht um unser Auto herum und reicht uns die Papiere zurück. Wir können weiterfahren. Mir fällt ein Stein vom Herzen.

Vashka fährt langsam weiter. Wir sind in Tschetschenien. Jetzt noch ein paar Stunden und wir sind in Grosny. Vashka redet wenig, aber er ist ein guter Reiseführer. Für einen Touristen wäre er genau der richtige Mann. „Sehen Sie diese Berge da hinten?"

„Ja."

„Da wohnen die Rebellen, die sich vor den Russen verstecken."

Ich schlucke.

Wir fahren durch ein Dorf. „Hier wohnen die schlimmsten Extremisten im ganzen Land. Hier hat jeder seine Kalaschnikow im Schrank. Die Russen lieben ihren Wodka, die Menschen hier ihre Waffen."

Ich schlucke zweimal. *Lieber Gott, lass uns hier keine Reifenpanne kriegen …*

Der Name *Grosny* bedeutet „furchterregend, schrecklich", und die tschetschenische Hauptstadt macht ihrem Namen alle Ehre. In den Außenbezirken stehen zerschossene Wohnblocks und andere Ruinen. In den kürzlichen Kriegen mit Russland wurde die Stadt erst monatelang bombardiert und dann in erbitterten Straßenkämpfen erobert. Die ausgebombten Häuser sind zum Teil bewohnt. Wo sollen die Menschen auch hin? Der letzte Krieg ist jetzt mehrere Jahre her, aber der Wiederaufbau geht nur schleppend voran.

Das Stadtzentrum freilich erstrahlt in neuer Pracht. Die imposanten Lichter und Fassaden erinnern mich an Paris, nur moderner. Dann biegen wir in eine Nebenstraße ab und die zerbombten Häuser sind wieder da. Vor einem kleinen Laden halten wir an. Darf ich jetzt endlich raus? Vashka schüttelt den Kopf. Aber ich kann mich nützlich machen; er stellt mir einen großen Karton mit Eiern auf den Schoß. Hoffentlich gibt es bis zu unserem Ziel nicht zu viele Schlaglöcher.

Es geht besser, als ich dachte. Mit ein bisschen Akrobatik gelingt es mir, die Eier so zu halten, dass sie heil bleiben. Schließlich biegen wir in eine kleine Gasse ein und halten vor dem Eingang zu Vaskhas Haus. Vaskha öffnet erst die Hoftür, dann die Tür des Autos und mit zwei Schritten bin ich hinter der Hofmauer, in Sicherheit. „Wenn jemand rauskriegt, dass wir 'nen Ausländer im Haus haben, können wir echte Probleme kriegen, mit den geheimen Truppen unseres Präsidenten oder mit den Rebellen."

Nach dem Essen – mit reichlich Eiern – zeigen meine Gastgeber mir mein Bett. Morgen werden wir entscheiden, wie es weitergeht.

Nach einer Dreiviertelstunde wollte Vashka wieder da sein, aber jetzt warte ich schon fast zwei Stunden. Er wollte für mich ein paar Fotos vom Markt schießen, während ich hier an einem sicheren Ort warte. Und Kontakt mit einer Christin aus der Stadt aufnehmen – dem einzigen tschetschenischen Christen, der bereit (und mutig genug) ist, sich mit mir zu treffen.

Da kommt plötzlich sein Auto um die Ecke gefahren. Er steigt aus und schüttelt den Kopf. Kein gutes Zeichen. Er zündet sich eine Zigarette an.

„Wo Allina wohnt, ist gerade der Präsident", sagt er. „Gut, dass wir da nicht zusammen hin sind; wir wären bestimmt aufgeflogen."

Ich weiß, dass die Chancen, in Tschetschenien mit einem Christen zu sprechen, gering sind. Trotzdem: Diese Nachricht ist eine Enttäuschung.

Doch dann fährt Vashka unvermittelt fort: „Du kannst sie jetzt interviewen, im Auto. Maximal eine halbe Stunde."

Ich muss wohl ein überraschtes Gesicht machen. Das hatte ich nicht mehr erwartet. Ohne ein Wort gehe ich zu dem Wagen und steige ein. Jede Minute ist kostbar. Vashka begleitet mich, um zu übersetzen. Ich stelle mich Allina vor.

Ihr abgespanntes, blasses Gesicht macht es schwierig, ihr Alter zu schätzen. Wie die meisten Frauen in ihrem Land trägt sie ein Kopftuch. Fast sofort fängt sie an zu weinen. Ich bitte Vashka, in ihrer Sprache für sie zu beten. Er tut es und ihr Gesicht erhellt sich. Dann beginnt sie zu reden.

„Ich gehöre zu Jesus."

Ihre Worte kommen zum Teil etwas zusammenhanglos heraus, ich habe Mühe, ihr zu folgen. „Er beschützt mich und sorgt für mich. Als mein Mann im Krieg ermordet wurde, saß ich mit vier Kindern da. Ich komme gerade vom Gericht. Sie haben mich verurteilt …"

Vashka erklärt: „Allina sollte eine Kriegswitwenrente kriegen. Sie hat den Antrag gestellt, aber das Geld nie gesehen. Jetzt haben sie sie wegen Diebstahls vor Gericht gestellt."

Allina erzählt weiter: „Der Richter hat mich zu mehreren Jahren Gefängnis verurteilt … Aber ich muss nicht ins Gefängnis, sie haben die Strafe ausgesetzt. Ich habe noch Kinder unter vierzehn Jahren und der Richter hatte Erbarmen mit mir. Juristisch bin ich im Gefängnis, aber tatsächlich bin ich auf freiem Fuß."

„Du gehörst zu Jesus"

Sie wechselt das Thema. „Als ich siebzehn war, war ich zusammen mit vielen Kindern und jungen Leuten auf dem Schulhof, als plötzlich ein alter Mann zu mir trat. Er sagte: ‚Du gehörst zu Jesus. Wenn er wiederkommt, wirst du mit dabei sein.' Ich verstand nicht, was er meinte, aber ich habe seine Worte nicht vergessen. Heute erinnere ich mich immer an sie, wenn ich traurig bin, und wenn ich bete, ist mir, als ob jemand in weißen Kleidern neben mir steht, und ich habe diesen inneren Frieden."

Früher hatte sie diesen Frieden nicht. Dann fand eines Tages einer ihrer Söhne im Luftschutzbunker ein Buch – das Neue Testament. „Mama, das Buch wird dir gefallen", sagte er. „Es ist ein Buch über Gott."

Allina fing an, das Neue Testament zu lesen. Ein Vers aus der Offenbarung packte ihr Herz: „Noch stehe ich (Jesus) vor deiner Tür und klopfe an. Wer jetzt auf meine Stimme hört und mir die Tür öffnet, zu dem werde ich hineingehen und Gemeinschaft mit ihm haben" (Offenbarung 3,20).

„Ich kannte Jesus nur aus dem Koran", fährt Allina fort, „aber es hatte mich schon immer zu ihm hingezogen. Als ich die Bibel gelesen hatte, schaute ich oft zum Himmel hoch und wusste, dass da oben jemand war, der mich liebte. Eigentlich hatte ich das schon gewusst, als dieser Mann zu mir auf den Schulhof kam. Wenn ich heute traurig bin, denke ich an die Gelegenheiten zurück, wo der Herr Jesus mir geholfen hat."

Allina hat auch schlimme Dinge erlebt, die sie traumatisiert haben. Mit stockender Stimme berichtet sie mir von ihrem Mann. Im Jahre 2002, als die Russen und die Rebellen um die Wette wüteten, stand er auf einmal einer Gruppe von Männern gegenüber. Niemand wusste, wer sie waren, aber sie schienen wissen zu wollen, ob er ein „Gläubiger" (also ein Christ) geworden war. Laut Allina war das nicht der Fall; sie waren beide noch auf der Suche. Die Männer erschossen ihn trotzdem.

„Ich konnte meine Kinder nicht mehr ernähren und versank in Depressionen. Eine Weile waren sie in einem Waisenhaus und daher nicht zu Hause, als die Russen kamen und ihre Razzia veranstalteten. Sie suchten nach versteckten Waffen. Als sie meine muslimischen Kleider sahen, sagten sie: ‚Du bist eine Wahhabitin, eine von diesen Terroristen! Du hilfst Verbrechern!' Ich hatte Angst, dass sie mich erschießen würden, und betete zu Jesus um Schutz. Ich sagte: ‚Nein! Ich bin keine Wahhabitin! Und Gott liebt alle Menschen und wir müssen seine Gebote halten!' Ich hatte furchtbare Angst, aber zum Glück gingen sie schließlich wieder. Nach dem Tod mei-

nes Mannes gab es auch Probleme mit meinen Schwieger-
eltern. Sie mochten mich nicht. Auch sie halten mich für eine
Wahhabitin, für eine von diesen muslimischen Extremistin-
nen, die die Feinde der ‚normalen‘ Tschetschenen sind.‘‘

„Zum Glück kenne ich jetzt jemand, der auch Christ ist"

Christen im Ausland halfen Allina, einigermaßen über den
Tod ihres Mannes hinwegzukommen. Sie konnte wieder für
ihre Kinder sorgen; vor zwei Jahren hat sie sie zurückbekom-
men.

„Ich stehe jeden Tag früh auf und bete. Ich bitte Gott, mir
zu helfen, damit ich mein Bestes für ihn tun und andere
Menschen mit seiner Liebe erreichen kann.‘‘

Ich frage sie, wie sie zu Jesus gekommen ist. Sie wiederholt:
„Ich habe Jesus schon mein ganzes Leben lang gekannt, aber
nur durch den Islam. Diese Gestalt aus dem Koran hat schon
immer mein Herz berührt. Als ich dann im Neuen Testament
von seinen Leiden las, liebte ich ihn noch mehr. Aber bekehrt
habe ich mich erst, als ich im Ausland war. Ich war unterwegs
zu meinen Kindern, um sie aus ihrem Ferienlager abzuholen,
als ein Christ mich zu einem Gottesdienst einlud. Die Botschaft von der Liebe Jesu bewegte mich so, dass ich ihm für
immer folgen wollte.‘‘

Dann tat Allina etwas, was nur wenige tschetschenische
Christen machen. Sie sagte ihren Verwandten, dass sie den
Islam verlassen habe und jetzt Christus nachfolge. „Als ich
wieder in Tschetschenien war, erzählte ich sofort allen von
meinem neuen Glauben. Früher hatte ich viele Freunde, aber
jetzt haben sie mich alle verlassen. Selbst meine beste Freun-

din, die immer für mich da war, hat mich verraten. Zum Glück kenne ich jetzt jemanden, der auch Christ ist."

Zum Glück kenne ich jetzt jemanden, der auch Christ ist. Was dieser Satz bedeutet, ging mir erst richtig auf, als ich wieder in den Niederlanden war und meine Aufzeichnungen las. In einem Land mit zwei Millionen Einwohnern gibt es für Allina nur *einen* anderen Menschen, bei dem sie wirklich sie selbst sein kann. Später habe ich erfahren, dass diese Person Allina manchmal besucht, um zusammen mit ihr in der Bibel zu lesen und zu beten.

„Heute Nachmittag kreuzigen wir dich!"

Trotz aller Ablehnung gibt Allina das Evangelium weiter. „Gott führt mich zu Menschen und sagt mir, mit wem ich über ihn reden soll."

Was nicht bedeutet, dass jeder ihre Worte annimmt. Im Gegenteil, manchmal wird es richtig gefährlich. „An meinem Arbeitsplatz bin ich in einer leitenden Position. Erst waren alle nett zu mir – bis ich anfing zu sagen, dass ich Christin bin. Plötzlich befolgten die Leute in meiner Abteilung meine Anweisungen nicht mehr. Eines Tages sagte mir einer von ihnen: ‚Du bist eine Nonne geworden, heute Nachmittag kreuzigen wir dich!' Ich versuchte zu lächeln und sagte: ‚Weil Jesus da ist, bin ich euch nicht böse.' Mit jedem Tag wurden sie aggressiver. Einmal packte einer mich am Arm und rief: ‚Ich werde deine Kinder vor deinen Augen abstechen.'"

Allina hasst ihre Verfolger nicht. „Nein, ich bete für sie. *Vater, vergib ihnen, denn sie wissen nicht, was sie tun.* Je mehr sie mich beleidigten und bedrohten, desto mehr liebte ich sie. Ich sagte ihnen sogar: ‚Ich liebe euch. In euren Herzen seid ihr gute Menschen.' Ich bete jeden Tag für meine Kollegen."

Vor Kurzem ging Allina zu ihrem Chef. Sie wusste: So wie jetzt konnte es nicht weitergehen.

„Na, wie kommen Sie zurecht?", fragte der Chef.

Sie sagte: „Ich bin sehr dankbar für das, was Sie für mich getan haben. Aber die Leute in der Abteilung brauchen mich nicht mehr. Ich finde, ich sollte kündigen."

Der Chef war überrascht. „Wie meinen Sie das?"

„Ich bin eine schlechte Kollegin; sie brauchen mich nicht mehr."

„Was ist passiert?"

„Nichts. Ich bin einfach keine gute Managerin, und ich habe den anderen beigebracht, wie sie die Arbeit selber machen können. Sie brauchen mich nicht mehr."

Allina erklärt: „Ich wollte ihm nichts von den Gehässigkeiten meiner Kollegen sagen. Aber er erkundigte sich selbst und erfuhr davon, dass gewisse Leute mich bedrohten. Darauf griff er ein. Er stellte die Betreffenden vor die Wahl: Hört auf, diese Frau zu mobben, oder ihr müsst gehen. Sie weigerten sich aufzuhören und er kündigte ihnen. Jetzt werde ich auf meiner Arbeit nicht mehr gemobbt."

„Von den Christen in meinem Land"

„Ihr müsst zum Schluss kommen", sagt Vashka plötzlich.

„Hast du besondere Gebetsanliegen?", frage ich Allina.

„Bitte bete, dass ich nicht doch noch ins Gefängnis muss", sagt sie. „Und dass ich eine neue Wohnung finde. Jemand anderes hat mehr Miete für meine Wohnung geboten und jetzt muss ich raus. Ich bete: ‚Gott, es macht mir nichts, auf der Straße zu schlafen, solange nur meine Kinder ein Dach über dem Kopf haben!' Ich habe auch nicht das Geld, um meinen Kindern Kleidung für den Winter zu kaufen."

Vashka startet den Motor und fährt zum Bahnhof von Grosny. Ich muss an etwas denken, was mir in den Kopf kam, kurz bevor ich in das Auto eingestiegen bin.

„Als Ausländer kannst du dich in Grosny nicht auf der Straße sehen lassen", hat Vashka zu mir gesagt. „Ich besorge die Mahlzeiten; lass dein Geld zu Hause."

Aber ich bin stur. Wenn jemand mich als Geisel nimmt, ist es besser, wenn ich etwas Geld dabei habe, finde ich.

Da ist der Bahnhof. Gleich wird Allina aussteigen. Ich hole meine Brieftasche heraus und gebe ihr 5.600 Rubel – etwa 170 Dollar. „Das ist nicht mein Geld", erkläre ich ihr, „das ist von den Christen in meinem Land."

„Ich wusste, dass Gott jemanden schicken würde, der mir hilft", sagt sie mit zitternder Stimme. Sie drückt sachte meine Hand. „Ich danke ihm für euch alle."

In diesem Augenblick weiß ich, warum Gott mir diesen Wunsch, nach Tschetschenien zu fahren, ins Herz gelegt hat, warum ich stur dieses Geld mitgenommen habe und warum Gott es so geführt hat, dass ich exakt heute dieses Treffen mit Allina habe. Von Anfang an war es sein Plan, Allina und mir zu zeigen, wie groß und mächtig er ist.

Allina steigt aus. Eine Sekunde später ist sie in der Menge verschwunden. Wir fahren weiter, Richtung Beslan. Wir wollen vor Einbruch der Dunkelheit aus Tschetschenien heraus sein. Unterwegs bete ich die ganze Zeit um Gottes Schutz und Bewahrung.

Wir erreichen Beslan ohne Probleme und besichtigen die Schule, in der so viele Menschen ihr Leben verloren haben. Nie werde ich den Teddybär vergessen. Als wir kurz danach auf dem Friedhof stehen, zwischen den glänzenden Grabsteinen – viele mit Bildern der getöteten Kinder und Eltern –, schaue ich zum „Baum der Trauer" hoch, jenem ergreifenden Mahnmal, das die Mütter von Beslan zeigt, wie sie ihre Kinder zum Himmel hochheben, von dem ich am Anfang erzählte. Die Stille um uns herum schreit das Elend dieser Welt hinaus.

Und doch … bezeugen Menschen wie Allina die Gnade Gottes. Sie war nicht mit dabei in Beslan, aber sie weiß, was der Krieg kosten kann. Und so wie Allina kann auch ich hier nur zum Himmel hochschauen und mich daran erinnern, dass dort jemand ist, der mich liebt – mein Erlöser, der sich selbst geopfert hat, um alle die zu retten, die an ihn glauben.

1. Philipper 1,21: „Denn Christus ist mein Leben und das Sterben für mich nur Gewinn." Wie die meisten Christen in Tschetschenien weiß Allina wenig über die Bibel. Sie hat zwar eine Bibel, aber mit wem soll sie sie gemeinsam lesen und wer soll sie systematisch einführen? Aber eines weiß sie: dass Jesus Christus jedes Opfer wert ist. Darum kann sie mit Paulus sagen: „Christus ist mein Leben und das Sterben für mich nur Gewinn." Diese Überzeugung zeigt sich in ihrem Verhalten. Sie ist buchstäblich bereit, für Gott zu sterben, wenn dies nötig werden sollte. Braucht man dazu einen starken Glauben? Natürlich. Aber Gott schenkt diesen Glauben, gerade dann, wenn es ernst wird. Dies zeigt sich in Allinas Leben deutlich. Und schon früh in ihrem Leben mit Jesus kam sie zu der Erkenntnis, dass das, was er verkündigt hat, die Wahrheit ist. Für diese Wahrheit ist sie bereit zu sterben. Wären wir das auch?

2. 1. Korinther 15,22-23: „Alle Menschen müssen sterben, weil sie Nachkommen Adams sind. Ebenso werden alle durch die Verbindung mit Christus zu neuem Leben auferweckt. Die Auferstehung geht in einer bestimmten Reihenfolge vor sich: Als Erster ist Christus auferstanden. Wenn er kommt, werden alle auferstehen, die zu ihm gehören." Schon in ihren jungen Jahren machte Gott Allina klar, dass sie zu ihm gehörte, obwohl sie damals noch nicht begriff, dass er sie als seine Tochter annehmen würde. So nimmt Gott auch uns als seine Söhne und Töchter an. In seinem Wort versichert er uns, dass wir seine Kinder sind.

3. Offenbarung 3,20: „Noch stehe ich vor deiner Tür und

klopfe an. Wer jetzt auf meine Stimme hört und mir die Tür öffnet, zu dem werde ich hineingehen und Gemeinschaft mit ihm haben." Als Allina zum ersten Mal das Neue Testament las, sprang ihr dieser Vers in die Augen. So wirkt der Heilige Geist oft. Er zeigt uns einen Bibelvers, damit wir uns mit ihm auseinandersetzen und Schritte tun. Dieser Vers aus der Johannesoffenbarung lädt Allina und uns ein, Jesus die Tür zu öffnen. Jesus möchte sich uns schenken, aber dazu müssen wir ihm erlauben, in uns Wohnung zu nehmen. Er wird nie unseren Willen übergehen. – Widerspricht dies dem, was wir gerade unter 2. gesagt haben (alles fängt damit an, dass Gott uns erwählt hat)? Nein. Gott ist der Anfang und das Ende von allem. Von Natur aus neigen wir dazu, vor ihm wegzulaufen, aber er holt uns zurück. Unsere Verantwortung ist dabei nicht ausgeschaltet. Gottes Hand ist zu uns ausgestreckt; es liegt an uns, sie zu ergreifen.

Zum Nachdenken

Können die Menschen es Ihnen ansehen, dass Christus Ihr Leben ist und das Sterben letztlich nur Gewinn? Oder muss man dazu als Christ in der Verfolgung leben?

Was Sie tun können

Lesen Sie den 63. Psalm. Versetzen Sie sich in die Lage eines verfolgten Christen und meditieren Sie über den Psalm. Auch wenn Sie Menschen wie Allina nicht persönlich besuchen können – dass Sie versuchen, sich in ihre Lage zu versetzen, hilft ihnen bereits.

Ich bin ganz sicher, dass alles, was wir zurzeit erleiden, nichts ist, verglichen mit der Herrlichkeit, die Gott uns einmal schenken möchte. Paulus (Römer 1,18)

2

Lee Joo-Chan und Hyo: Amazing Grace

Nordkorea

Wie klein sie aussehen auf der Bühne: Lee Joo-Chan, seine Frau Chan-Sook und sein Sohn Hyo. Wir hatten sie gebeten, beim Open Doors-Tag in den Niederlanden im Jahre 2010 ein Lied zu singen. Chan-Sook hatte sofort zugesagt; jawohl, sie würde zusammen mit ihrem Mann singen. In Nordkorea hatte sie eine Ausbildung als Musikerin gemacht.

„Was für ein Lied wollt ihr denn singen?"

Lee Joo-Chan und Chan-Sook brauchten nicht lange zu überlegen. „*Amazing Grace*", antwortete er. „Das Lied singen die Christen in Nordkorea am meisten."

Jetzt stehen sie da vorne auf der Bühne, vor 6.000 Menschen, die mit angehaltenem Atem Lees Geschichte gehört haben. Sie singen die erste Strophe (auf Koreanisch):

Oh Gnade Gottes, wunderbar
hast du errettet mich.
Ich war verloren ganz und gar,
war blind, jetzt sehe ich.

Hyo singt nicht mit. Der Zweiundzwanzigjährige hält sich die Hand vor die Augen und geht auf die Knie. Das Lied und die ganze Atmosphäre haben ihn zurückgeführt in sein finsteres Heimatland, in die Straßen, wo er Essen stahl, zu den

Freunden, die in seinen Armen starben, zu der Zelle, in der er fast sein Leben verlor.

Als Lee merkt, dass sein Sohn weint, kann auch er nicht mehr an sich halten. Er fällt auf die Knie, schlägt mit der linken Faust auf die Bühne und schreit: „Gott, rette die Menschen in Nordkorea!" Es ist ein Schrei aus dem Herzen der verfolgten Kirche, ein Schrei, der durch Mark und Bein geht, ein Schrei, den wir nie vergessen dürfen.

Später schreibt die Reporterin eines christlichen Senders: „Dort vorne auf der Bühne steht Bruder Lee Joo-Chan. Mit Leidenschaft spricht er über sein Land und das unbeschreibliche Elend, in dem die Nordkoreaner leben müssen. Mit wachsendem Entsetzen höre ich, wie sein Sohn fast verhungerte und später fast zu Tode gefoltert wurde. Als Kind. Wer tut einem Kind so etwas an? Als er fertig ist, treten zu jedermanns Erstaunen seine Frau und sein Sohn auf die Bühne. Sie leben. Sie sind hier. Und sie wollen uns ein Lied singen: ‚Amazing Grace' in ihrer eigenen Sprache. Sie fangen tapfer an, aber nein – nach den ersten Worten gibt der Sohn auf. Ich sehe, wie sein junges, zähes Gesicht zu zucken beginnt vor namenlosem Leid. Bei der zweiten Zeile fällt Lee Joo-Chan (der Vater) auf die Knie. Die Hand vor dem Mund, sitze ich wie erstarrt da und höre sein Schluchzen und herzzerreißendes Beten. Niemand versteht, was er da sagt, aber alle begreifen sie: Hier schreit ein traumatisierter, von seinen Gefühlen übermannter Mensch für sein Land zu Gott. Auf der Leinwand sehen wir, wie der Direktor das tut, was wir am liebsten alle tun möchten: Er kniet sich neben ihn hin und legt die Arme um ihn. Zwei Welten berühren sich, und die eine ist kaum imstande, auch nur ein bisschen von der anderen zu begreifen."

Die Journalistin hat recht. Die eine Welt kann die andere kaum begreifen. Doch durch Gottes Gnade, die so unendlich groß ist, berühren sich die beiden Welten. Darum steht die Geschichte von Lee und Hyo in diesem Buch. Gott hat die Gebete von Vater und Sohn, die ihre Geschichte vor vielen Menschen erzählen wollten, um die freie Welt wachzurütteln, erhört. Im Jahr 2011 begleitete ich die drei zu einem ähnlichen Besuch bei dem jährlichen Open Doors-Tag in Deutschland. Auch hier waren die Zuhörer zutiefst beeindruckt von dem Bericht ihrer Geschwister, die ihnen Einblicke in ihre ferne Welt gaben. Ich lernte Lee im September 2010 kennen, zwei Monate vor dem Open Doors-Tag in Holland; einen halben Tag lang hörte ich mir seine erstaunliche Geschichte an.

Der Tontopf

Lee wuchs in Nordkorea auf, das als kommunistisches Land bekannt ist, aber eher eine Mischung aus Stalins Sowjetunion und dem Dritten Reich darstellt. Der christliche Glaube ist strikt verboten; der bloße Besitz einer Bibel kann einen Menschen lebenslang in eines der Arbeitslager bringen, die Hitlers berüchtigten KZs vergleichbar sind. Als Kind, ja sogar noch als Erwachsener wusste Lee daher nicht, dass seine Eltern Jesus Christus nachfolgten. Er wusste nur, dass sie irgendwie anders waren. Unter Nachbarn und Kollegen galten sie als „kommunistische Eltern" – in Nordkorea ein inoffizieller Ehrentitel für Menschen, die als besonders fürsorglich und barmherzig bekannt sind. Lees Vater und Mutter halfen den Armen, Kranken und Hungernden. In Lees Familie teilte man das, was man hatte, mit seinen Mitmenschen.

Wie Lee heute sagt: „Meine Mutter stellte mir oft bestimmte Fragen, um mich zu erziehen. Zum Beispiel: ‚Was machst du, wenn du jemanden siehst, der hungert?‘ Ich kannte die richtigen Antworten aus dem Effeff: Gib den Hungrigen von deinem Essen ab, kleide die, die nur Lumpen haben, sorge so für die Kranken, wie du für deine alten Eltern sorgen würdest.“

Lee wusste, woher seine Eltern ihre Weisheit hatten. Jeden Abend, wenn es draußen richtig dunkel geworden war, gingen sie hinaus in den Garten und gruben einen Tontopf aus, den sie ins Haus brachten. In dem Topf war ein kleines schwarzes Buch. Die Eltern lasen einander aus diesem Buch vor, aber nur, wenn die Kinder nicht im Zimmer waren. Über das schwarze Buch durfte man kein Wort sagen, zu niemandem.

„Meine Eltern waren da sehr strikt: Redet nie über dieses Buch. Nicht zu Freunden, nicht zu Nachbarn, nicht in der Schule. Sonst kommt die Polizei. Und wenn nordkoreanische Eltern mit der Polizei drohen, dann wissen die Kinder, dass es ernst wird. Manche Eltern nutzen das sogar aus, indem sie zum Beispiel Kindern, die abends nicht einschlafen wollen, sagen: ‚Jetzt ist aber Schluss, sei endlich still! Sonst holt dich die Polizei.‘ Worauf die Kleinen auf der Stelle brav sind.“

Und so hielten Lee und seine Geschwister den Mund, schließlich wollte keiner von ihnen in ein Arbeitslager. Niemand von ihnen kannte die Worte „Bibel“, „Jesus“ oder „Gott“, aber sie spürten sehr wohl, dass dieses schwarze Buch etwas Verbotenes war.

Verboten waren auch die Geschichten, die die Eltern erzählten und die – da war Lee sicher – aus dem schwarzen

Buch kamen. Da war zum Beispiel der Mann, der auf einen Berg stieg und dort aus dem Himmel zwei Steine bekam, auf denen zehn wichtige Regeln standen. In einer anderen Geschichte ging es um eine große Überschwemmung, aus der nur ein paar Menschen und viele Tiere gerettet wurden. Und besonders gerne erzählten Lees Eltern von einem Weisen, der auf einem Berg saß und den Menschen sagte, wie sie richtig leben sollten.

In einem Land, wo der christliche Glaube absolut verboten ist und der Besitz einer Bibel die ganze Familie in einem Straflager verschwinden lassen kann, ist dies die einzige Möglichkeit für Eltern, ihren Kindern biblische Geschichten beizubringen. Die Geschichten werden als Märchen verkleidet und alle christlichen Begriffe werden weggelassen. Erst wenn die Kinder alt und vernünftig genug geworden sind, wagen ihre Eltern es, ihnen das ganze Evangelium zu erzählen, und von da an haben die Kinder die Wahl: Werden sie dem Gott der Bibel folgen und damit in ständiger Gefahr leben, verhaftet zu werden? Oder werden sie diesen Gott ablehnen und weiter die „Führer" des Landes als Götter verehren? Oder gar ihre Eltern denunzieren, um so ihre eigene Zukunft zu sichern?

Der Geist des Märtyrertums

„Alle Christen in Nordkorea sind bereit, für ihren Glauben an Jesus auch den Tod auf sich zu nehmen", sagte mir einmal eine wichtige Open Doors-Kontaktperson für Nordkorea. „Jeder, der dort zum Glauben findet, weiß, dass der Tag kommen wird, an dem sich zeigt, ob dieser Glaube trägt – der Tag, an dem dieser Mensch gefoltert und unter massivem Druck

41

gesetzt wird, seinem Glauben abzusagen. Dieses Damokles-schwert hängt über jedem Christen in Nordkorea."

Vielleicht haben Lees Eltern ihm deswegen nie vom Evangelium erzählt, selbst dann nicht, als er erwachsen, verheiratet und als Geschichtslehrer an einer weiterführenden Schule tätig war. Vielleicht wollten sie es ihm ersparen, unter diesem Druck leben zu müssen; er hat sie nie gefragt.

Doch auch so wurde das Leben immer härter. 1995, ein Jahr nach dem Tod des „Großen Führers" Kim Il Sung, kam eine Hungersnot über das Land. Sie war hausgemacht, die Folge der jahrzehntelangen Misswirtschaft. Bis zum Zusammenbruch der Sowjetunion hatte Nordkorea am Tropf des kommunistischen Blocks gehangen; jetzt musste es plötzlich normale Marktpreise für Öl, Nahrungsmittel und andere Rohstoffe und Güter zahlen. Lee erinnert sich noch gut an die ersten Todesfälle. „Da war dieser zwölfjährige Junge in meiner Klasse, der über furchtbares Bauchweh klagte. Er weinte und ich ließ seine siebzehnjährige Schwester holen, die ihn nach Hause bringen sollte. Sie nahm ihn huckepack und ging. Etwas später kam ein Anruf vom Krankenhaus. Passanten hatten die beiden auf der Straße gefunden, bewusstlos."

Alle Lehrer gingen in das Krankenhaus. Dort sagte man Lee, dass die Kinder nicht mehr lange zu leben hatten. Bruder und Schwester lagen nebeneinander auf ihren Betten. „Ich saß zwischen ihnen und hielt ihre Hände. Plötzlich drückte das Mädchen meine Hand und murmelte: ‚Herr Lehrer …' Sie holte noch einmal Luft und ihre Augen schlossen sich langsam. Ihr Bruder starb ein paar Augenblicke später. Die Eltern der beiden waren schon tot."

Doch dies war nur der Anfang. Noch viele weitere Kinder

starben, zum Teil während des Unterrichts. Die Stadt, in der die Schule sich befand, war von der Hungersnot besonders hart getroffen, da sie eine Industriestadt mit wenig Grün war, und nicht jeder konnte hinaus in die Berge, um nach essbaren Pflanzen und Gras zu suchen.

Lee, seine Frau und ihre beiden Kinder überlebten – aber sie mussten essen, was sie kriegen konnten, unter anderem Brei aus Baumrinde. „Die Menschen sahen immer schlechter aus. Auch mein Sehvermögen litt; wenn man halb am Verhungern ist, sieht man alles nur noch wie durch einen gelben Nebel. Und von einem Stuhl aufstehen ist Schwerstarbeit. Manchmal war mein ganzer Körper schweißnass. Manchmal sah ich, wie Menschen, die sich hingelegt hatten, keine Kraft mehr hatten, wieder aufzustehen. Sie starben, wo sie lagen."

Das nackte Überleben war jetzt die erste Priorität. Aber Lee dachte auch nach – viel und intensiv. Der Hass in seinem Herzen wuchs. Er hasste die Partei, die das Leben in dem kommunistischen „Paradies" bis ins letzte Detail regulierte. Er hasste die Lügen des Regimes von Kim Jong Il, der seinem Vater Kim Il Sung als „Führer" nachgefolgt war.

Die Flucht

Eines kalten Wintertages im Jahre 1996 machte Lees Wut sich im falschen Augenblick Luft. Er geriet in Streit mit dem Parteifunktionär, der für die Schule zuständig war. „Ich wurde so wütend, dass ich mehrere Bücher auf den Fußboden warf. Es waren Bücher von Kim Il Sung und Kim Jong Il; auf den Buchdeckeln prangten ihre Fotos."

Was er getan hatte, kam in Nordkorea einer Gotteslästerung gleich. Der wütende Funktionär schrie Lee an: „Ich werde Sie melden! Dafür werden Sie erschossen!"

Lee wusste: Der Mann machte keine Witze. Wenn er am Leben bleiben wollte, gab es nur eines: Er musste fliehen. Lee rannte buchstäblich aus der Schule. Wie viel Zeit hatte er noch? Wenn er zu Hause ankam, stand die Polizei vielleicht schon vor der Tür. Nein, er konnte sich nicht von seiner Frau und den Kindern verabschieden, er musste weg, sofort! Er rannte zum Bahnhof. Er hatte Glück: Ein Güterzug, der Kohlen in den Norden des Landes brachte, war gerade abfahrbereit. Lee versteckte sich in der Ladung.

Der Zug fuhr nicht nach China, aber in die Nähe der Grenze, wo Lee vom Waggon sprang; zum Glück war es Winter und der Schnee war tief. Er ging zu Fuß zum Grenzfluss, dem Tumen, der um diese Jahreszeit zugefroren war. Der Fluss war damals noch nicht so gut bewacht wie heute und Lee konnte die vierzig Meter, die ihn von China trennten, leicht überwinden, obwohl er durch tiefe Schneewehen stapfen musste. Sein rechter Fuß und sein linkes Ohr waren anschließend halb erfroren.

Er ging hundert Meter nach China hinein und kam in ein Dorf. Dort sah er eine Frau und sprach sie an. Sie kam aus Nordkorea. (In Nordostchina leben zwei bis drei Millionen chinesische Koreaner.) Nach seiner strapaziösen Reise hatte Lee fast nicht die Kraft zum Sprechen; alles, was er herausbrachte, war, dass er gerade aus Nordkorea geflüchtet war. Er war hungrig und völlig erschöpft.

Lee weinte. Die Frau – sie war 65 Jahre alt – auch. Sie stützte ihn und führte ihn zu sich nach Hause, wo sie ihm half, sich auf den Fußboden zu legen. Das Haus hatte, wie die meisten koreanischen Häuser, eine Art Fußbodenheizung. Die Frau schnitt Lees Schuhe auf und sah, dass sein rechter Fuß von den Erfrierungen stark geschwollen war. Sie holte von draußen etwas Schnee und rieb damit seine Füße ein. Dann gab sie ihm etwas zu essen und heißen Tee. Nach und nach kam Lee wieder zu Kräften. Er sagt: „Ich war dem sicheren Tod entronnen und fühlte mich wie neugeboren. Es war eine riesige Erleichterung."

China kam Lee wie ein Schlaraffenland vor. Es gab jede Menge zu essen, auf den Straßen roch es nach Speiseöl und die Menschen sahen zufrieden aus. Hier verhungerte niemand. Aber als er das erste Mal eine chinesische Mahlzeit gegessen hatte, musste er sich erbrechen. Sein Körper war richtiges Essen nicht mehr gewöhnt und es dauerte einige Zeit, bis er normal essen konnte.

„Dein ewiges Leben beginnt jetzt"

Fünfeinhalb Jahre verbrachte Lee in China. Heute sagt er, dass es die schlimmsten Jahre seines Lebens waren. Die meiste Zeit musste er betteln, um zu überleben. Er war ständig auf der Flucht. Aus einer Plastikplane bastelte er sich eine Art Zelt, in dem er im Wald übernachtete. Manchmal bekam er Arbeit, als Holzfäller oder in einem Kohlenbergwerk. Für seine Arbeit erhielt er nie Geld, sondern Lebensmittel, manchmal auch ein Dach über dem Kopf. Wie gerne wäre er zu seinen Lieben in Nordkorea zurückgegangen oder hätte sie wenigstens kontaktiert, aber das ging nicht.

1998, ein Jahr, nachdem Lee in China angekommen war,

gelang es seiner Mutter, über den Tumen zu gehen. Nach einigem Suchen fand sie Lee. Bei ihrem Wiedersehen brach sie in Tränen aus. Endlich konnte sie ihm das Geheimnis sagen, das sie die ganze Zeit mit sich herumgetragen hatte.

„Sie nahm meine Hand und führte mich zu einer staatlich registrierten chinesischen Kirche. Wir gingen hinein. Die Kirche war gerade leer. Wir setzten uns und meine Mutter erzählte mir, dass sie 1935, mit neun Jahren, Christin geworden war und dass auch ihre Eltern Jesus nachgefolgt waren. Sie erzählte mir von der Bibel, vom Sündenfall, von Gott und dem Opfertod Jesu. Sie sehnte sich zurück nach diesen ersten Jahren ihres Glaubens. Damals war Korea von den Japanern besetzt, die die Christen verfolgten. Aber die Gläubigen hielten zusammen. Sie sagte mir auch, dass sie mich zur Welt gebracht hatte, aber dass ich eigentlich ein Kind Gottes war. ‚Er wird dich bewahren und für dich sorgen. Glaube an ihn. Sei treu. Dein ewiges Leben beginnt jetzt.'

Einen Augenblick schwieg sie. Dann begann Lees Mutter zu beten. Es war das erste Gebet seit 1945, das sie so laut sprechen konnte, wie sie wollte, und es dauerte drei Stunden. Sie betete für Lee und für die Menschen in Nordkorea. „Bitte rette sie, Herr!"

Nach dem „Amen" zitterte Lees Mutter von der Anstrengung. Ihr ganzer Körper war schweißgebadet. Und Lee war jetzt überzeugt, dass Gott existierte, und bereit, ihm sein Leben anzuvertrauen.

Verraten

Von 1998 bis 2001 versuchten Lee und seine Mutter, so viel Geld zu sparen, dass die übrige Familie nach China nachkommen konnte. Sie schafften es nicht; sie hatten kaum genug, um selbst über die Runden zu kommen. Doch Lees Mutter ließ sich nicht unterkriegen. Oft konnte sie in koreanischsprachigen Gemeinden sprechen und den Menschen von Gottes Liebe erzählen. Sie ahnte nicht, dass sie sich damit schließlich in Lebensgefahr bringen würde.

Eines schönen Tages im Jahre 2001 kam einer von Lees Brüdern nach China. Er war schockiert, als er sah, dass Lee und die Mutter keine feste Bleibe hatten. Nach vier Monaten überredete er seine Mutter, nach Nordkorea zurückzukehren. Lee konnte nicht zurück nach Hause, da er wegen seines „Vergehens" polizeilich gesucht wurde, doch für seine Mutter war noch Hoffnung; sie konnte behaupten, dass sie wegen der Hungersnot für eine Weile zu Verwandten gezogen war.

In einem Gottesdienst verabschiedete sich Lees Mutter von der Gemeinde, die ihr geholfen hatte und in der sie manchmal hatte sprechen können. Sie sagte vor den versammelten Gläubigen, dass sie in dieser Woche mit ihrem Sohn (Lees Bruder) zurück über den Tumen gehen würde, und bat um Fürbitte. Lees Mutter wusste nicht, dass es in der Gemeinde einen Verräter gab.

Der Tag kam, an dem Lees Mutter und Bruder versuchen wollten, zurück nach Nordkorea zu gehen. Lee sollte sie bis zur Grenze begleiten. Ein paar hundert Meter vor dem Fluss blieb Lees Mutter stehen, drehte sich zu Lee hin und legte ihm die Hände auf. Es dauerte einen Augenblick, bis Lee merkte, dass sie für ihn beten wollte.

Er berichtet mir: „Sie betete über eine halbe Stunde lang. Sie hörte nicht auf, mich zu segnen und Gottes Gnade auf mich herabzuflehen. Als sie fertig war, sah sie mich an und sagte: ‚Du darfst nicht sterben. Du musst am Leben bleiben und Pastor werden. Hilf den Menschen, vor allem den Armen, Kranken, Witwen und Waisen. Höre nicht auf, Jesus zu dienen.'"

Es war das letzte Gebet, das sie laut sprach.

Ein paar Minuten später schaute Lee zu, wie seine Mutter und sein Bruder durchs Wasser wateten. Es war an der Stelle nicht sehr tief, aber die Strömung konnte stark sein und Lees Mutter war zwar geistlich stark, aber doch fünfundsiebzig Jahre alt. Aber sie erreichte das andere Ufer ohne größere Schwierigkeiten.

Und dann geschah es. Lee sieht es noch heute vor sich, wie in Zeitlupe. Plötzlich steht ein Jeep am nordkoreanischen Ufer, aus dem zwei Soldaten springen. Zwei weitere Soldaten tauchen aus dem Schilf auf. Lees Herz beginnt zu hämmern. Sie sind verraten worden!

Die Soldaten halten ihre Gewehre bereit. Die beiden Flüchtlinge haben keine Chance. Als sie aus dem Wasser steigen wollen, saust ein Gewehrkolben auf den Kopf von Lees Mutter, dass sie zu Boden sinkt. Ihr Sohn wird mit einem Bajonett halb durchbohrt. Beide sind sofort tot.

Lee saß am chinesischen Ufer hilflos im Gesträuch. Die Soldaten, die wussten, dass er da war, begannen zu rufen und zu schießen. Der geschockte Lee wünschte sich, er hätte ein Gewehr dabei. „Dann wäre ich ins Wasser gegangen und hätte versucht, diese Schufte zu erschießen." Dann ein anderer Gedanke: Hol den Leichnam deiner Mutter zurück und gib ihr ein anständiges Begräbnis! Aber wie sollte er ans andere Ufer kommen? Es wäre sein sicherer Tod gewesen.

Schließlich drehte er sich um und begann zu rennen. Im Dorf würde ihm vielleicht jemand helfen! Er klopfte an die Tür des erstbesten Hauses. Ein alter Mann öffnete. Lee fiel auf die Knie und erzählte stockend seine Geschichte. Der alte

Mann, zu Tränen gerührt, trommelte vierzig andere Männer zusammen. Zusammen gingen sie zu der Stelle, wo Lees Mutter und Bruder ums Leben gekommen waren.

Die Soldaten waren noch da. Zwei junge chinesische Männer sprangen in den Fluss und wateten zu den Leichen, die nach wie vor im Wasser lagen. Die Nordkoreaner beschimpften sie unflätig, taten ihnen aber nichts. Die Männer konnten den Leichnam von Lees Mutter sicher ans chinesische Ufer bringen.

„Ich konnte sie beerdigen, aber vier Monate lang stand ich völlig unter Schock", berichtet Lee. „Ich konnte nichts fühlen und nichts denken. Es war kein Leben mehr in mir. Ich war wie ein lebender Toter, ein Zombie. Ich hatte nur einen Wunsch: so weit weg von diesem Land zu sein wie möglich. Ich musste mich in Sicherheit bringen, in Südkorea. Und ich hatte so einen Zorn auf Gott. Ich haderte mit ihm – aber ich betete auch. Ich beschloss, alles Menschenmögliche zu tun, um wegzukommen."

Der Engel

Lee suchte Kontakt zu einem der vielen Untergrundnetzwerke in China, die Menschen nach Südkorea schmuggeln. Bald hatte er die richtige Person gefunden und im August 2011 zog er los, zusammen mit zwei anderen Flüchtlingen aus Nordkorea. Da Südkoreas einzige Landgrenze die schwerbewachte Grenze zu Nordkorea ist, verläuft für den nordkoreanischen Flüchtling der übliche Weg nach Südkorea über eine südkoreanische Botschaft oder ein Konsulat in einem der Nachbarländer. Nach südkoreanischem Recht muss die Regierung jedem Flüchtling aus dem Norden Asyl gewähren.

Doch die ausländischen Botschaften und Konsulate in China werden von der chinesischen Polizei rund um die Uhr bewacht, sodass die meisten Flüchtlinge sich für den Weg über die Mongolei, Thailand, Kambodscha oder Vietnam entscheiden. Auch diese Routen sind hochriskant. Als Erstes müssen Flüchtlinge die lange Reise durch weite Teile Chinas hinter sich bringen, danach warten auf sie mehrere gefährliche Grenzübertritte.

Bis nach Vietnam kamen Lee und seine Begleiter relativ problemlos. Doch das Gefährlichste stand ihnen noch bevor: der Grenzübertritt nach Kambodscha. Lee machte sich große Sorgen, ob sie die andere Seite sicher erreichen würden. „Ich wusste, dass viele Nordkoreaner hier verhaftet worden waren. Als ich in der Nacht endlich einschlief, hatte ich einen Traum. Ich sah einen riesengroßen Engel, der von gleißendem Licht umgeben war. Er befahl mir, ihm zu folgen. Da wachte ich auf."

Als Lee die Augen aufschlug, stand der Engel weiter vor ihm. Wieder befahl der Engel, ihm zu folgen. Lee weckte seine beiden Begleiter auf. Sie konnten den Engel nicht sehen, aber sie folgten Lee.

Sie gingen durch Wälder und stiegen über einen Berg. Die ganze Zeit ging der Engel vor ihnen her. Sieben Stunden gingen sie so. Der Engel sagte kein Wort. Bis die Sonne aufging; da drehte er sich um und sagte lächelnd: „Jetzt seid ihr frei. Es gibt keine Hindernisse mehr."

Lee begriff: Sie waren sicher nach Kambodscha gekommen. Er erzählt: „Dann verschwand der Engel. Mir ist klar, dass Jesus diesen Engel geschickt hatte, um uns zu retten."

Die Worte des Engels erwiesen sich als wahr. Die Flüchtlinge konnten ohne Probleme die südkoreanische Botschaft erreichen. Nicht lange danach saß Lee in einem Flugzeug nach Südkorea, wo er einen neuen Pass erhielt.

In Südkorea musste er an einem obligatorischen Integrationskurs teilnehmen. Dann schrieb er sich an einem Theologischen Seminar als Student ein. Heute ist er Pastor. „Meine Berufung ist das Predigen. Ich habe die Worte meiner Mutter nie vergessen, dass ich ein Diener Gottes werden sollte. Sie starb als Märtyrerin. Ich bin also der Sohn einer Märtyrerin; das werde ich nie vergessen."

Nachdem er genug Geld angespart hatte, setzte sich Lee 2004 mit einem Untergrundnetzwerk in Verbindung, um herauszufinden, wie es seiner Familie in Nordkorea ging. Was er erfuhr, schockierte ihn tief. Lees Vater und Geschwister waren alle ermordet worden. Kurz nachdem er verschwunden war, hatten die Behörden seine Frau gezwungen, sich von ihm scheiden zu lassen; wahrscheinlich hatte sie inzwischen einen anderen Mann geheiratet. Er wusste nicht, wo sie jetzt war, nur dass sie ihre gemeinsame Tochter mitgenommen hatte.

Lees Sohn, Hyo, lebte seit über sieben Jahren auf der Straße.

Die Wanderschwalben

Hyo ist ein fröhlicher, angenehm natürlicher junger Mann. Er sieht wie ein Teenager aus, obwohl er Anfang zwanzig ist. Hyo hat ein großes Herz. Er studiert in Europa Zahnmedizin und möchte später als Entwicklungshelfer in Afrika arbeiten. Wegen seiner großen Liebe zu Kindern, besonders zu Waisenkindern, möchte er später mindestens zehn von ihnen adoptieren. Dieses Herz für Waisen kommt nicht von ungefähr:

Obwohl seine beiden Eltern noch leben, fühlt sich Hyo seit seinem achten Lebensjahr wie ein Waisenkind, weil seine Eltern ihn damals verließen.

Lee und seine erste Frau (später, in Südkorea, heiratete er noch einmal eine Nordkoreanerin, Chan-Sook) wurden durch die Umstände gezwungen, ihren Sohn im Stich zu lassen. Doch das Wissen darum half dem Jungen auch nicht, das Trauma zu verarbeiten. Tatsache war, dass er von heute auf morgen ohne Eltern dastand. Erst verschwand sein Vater aus seinem Leben, bald danach seine Mutter und seine kleine Schwester.

Ich lernte Hyo einen Tag kennen, bevor sein Vater bei einem Open Doors-Tag in den Niederlanden sprechen sollte. Wir hatten es so eingerichtet, dass Vater und Sohn vorher eine Zeit lang zusammen sein konnten. Es war das erste Mal, dass Hyo der neuen Frau seines Vaters begegnete, die dieser erst im Jahr zuvor geheiratet hatte.

Das liegt nun einige Monate zurück. Inzwischen ist es März 2011 und Hyo ist erneut für ein Wochenende in die Niederlande gekommen. Diesmal wird er an verschiedenen Orten bei *Shockwave* sprechen, einer Gebetsveranstaltung für Jugendliche. Auf dem Flughafen von Amsterdam kann ich mich zum ersten Mal längere Zeit mit ihm unterhalten. Es ist kein leichtes Gespräch. Äußerlich ist Hyo da, aber seine Gedanken sind woanders. Er nimmt mich mit zu dem Tag, als sein Vater nicht nach Hause kam, in die Straßen, in denen er zu überleben versuchte, nach China, wo er angeschossen wurde, und schließlich in das nordkoreanische Gefängnis, wo er um ein Haar gestorben wäre. Immer war Gott bei ihm; wiederholt schickte er ihm Menschen über den Weg, sodass er mehr als ein Mal vor dem sicheren Tod gerettet wurde.

„Es ist nicht leicht, meine Geschichte zu erzählen", sagt Hyo. „Ich habe sie noch nie jemandem mit den Einzelheiten erzählt, aber es ist wichtig, dass die Welt sie erfährt. Die Menschen müssen hören, wie es in Nordkorea ist, damit sie beten können – vor allem für die *kotjebi*, die ‚Wanderschwalben‘, wie die Nordkoreaner die vielen Straßenkinder in ihrem Land nennen. Jahrelang war ich auch eines von ihnen."

Der Tag, an dem alles anders wurde

Gehen wir zurück in das Jahr 1996, zu dem Tag, an dem alles anders wurde. Bis zu diesem Tag hatte Hyo ein relativ sorgloses Leben gehabt. „Ich war es gewohnt, unseren großen ‚Führern‘ – dem verstorbenen Kim Il Sung und dem amtierenden Kim Jong Il – für unser Essen zu danken. An ihren Geburtstagen gab mein Vater mir eine Blume, die ich vor der Statue in unserem Dorf niederlegen musste. Wenn ich spielte, spielte ich immer Krieg; wir kämpften mit den Amerikanern und Südkoreanern. Sie waren unsere Feinde und im Fernsehen sahen wir Zeichentrickfilme, in denen Nordkorea sie besiegte. Manchmal gab es auch Zeichentrickfilme über christliche Missionare; sie überfielen nordkoreanische Kinder und schrieben mit giftiger Tinte Parolen auf ihre Stirn. Das machte mir echt Angst."

Doch Hyo brauchte keine Angst zu haben. Soweit er wusste, gab es in seinem Land keine Christen. Die großen „Führer" sorgten vorbildlich für das Volk. Aber selbst Kim Jong Il konnte nicht verhindern, dass der Hunger auch Hyos Dorf erreichte. „Eines Tages kam einer meiner Klassenkameraden nicht zum Unterricht. Die ganze Klasse ging ihn besuchen. Sein Gesicht war völlig aufgedunsen. Als wir nach Hause kamen, weinte ich und mein Vater gab mir etwas Essen für den Jungen. Ich hatte solches Mitleid mit ihm. Aber wir redeten nicht viel über die Hungersnot. Jeder wusste, dass Reden dasselbe war wie Klagen, und Klagen ist in Nordkorea tödlich."

Auch Lee wusste, dass es tödlich sein konnte, wenn man klagte oder sich beschwerte. Aber genau das tat er, noch dazu im falschesten Augenblick. Er musste nach China fliehen und bekam dadurch, wie er es ausdrückt, sein Leben wieder zurück. Hyo erlebte jenen schicksalhaften Tag ganz anders. Er erfuhr nichts von dem Streit, den sein Vater mit dem Parteifunktionär gehabt hatte. Sein Vater kam einfach nicht nach Hause.

Dafür kam die Polizei. Der siebenjährige Hyo und seine drei Jahre jüngere Schwester hörten aus dem Zimmer nebenan mit an, wie ihre Mutter mit den Beamten sprach. Sie waren höflich und die Mutter zeigte keinerlei Gefühle. Nein, sie wusste nicht, wo ihr Mann war oder wann er nach Hause kommen würde.

Lees plötzliches Verschwinden war kein Gesprächsthema in der Familie. Hyo kann sich nicht erinnern, dass seine Mutter ihm je erklärt hätte, warum sein Vater nicht mehr da war. Dafür merkte er, wie die Leute ihn plötzlich so komisch anschauten, wenn er auf der Straße war. Niemand wollte mehr etwas mit ihm zu tun haben. „Plötzlich war ich der Sohn eines Verräters. Mein Vater war in den Augen der Leute ein Verbrecher geworden."

Und Hyos Mutter war jetzt öfters „verreist". Vielleicht ging auch sie nach China, um Lebensmittel zu holen; Genaues weiß Hyo nicht. Bevor sie ging, stellte sie den Kindern jedes

Mal etwas zu essen hin. Hyo musste nach seiner Schwester sehen, kochen und im Wald Brennholz sammeln. Er schlief mit einem Messer unter dem Kissen. „Wenn Diebe wussten, dass keine Erwachsenen im Haus waren, würden sie bestimmt einbrechen. Ich musste uns beschützen."

Allein in der Welt

Eines Tages kam Hyos Mutter wieder von einer ihrer Reisen zurück, nur um gleich wieder loszuziehen. Diesmal nahm sie das Mädchen mit. Die beiden kamen nie wieder – warum, weiß Hyo nicht und möchte auch nicht darüber nachdenken. Dies war der schlimmste aller Schläge, die das Leben ihm zugefügt hatte: dass er plötzlich allein in der Welt war, von Vater und Mutter verlassen. Zu dem Zeitpunkt war Hyo sieben oder acht Jahre alt.

Es dauerte einige Zeit, bis ihm klar wurde, dass seine Mutter diesmal nicht zurückkommen würde. Eine Zeit lang wohnte er bei seiner Großmutter, der Mutter seiner Mutter. Sie hatte einen fünfzehnjährigen Sohn, der nicht sonderlich begeistert darüber war, seine dürftigen Mahlzeiten mit Hyo teilen zu müssen. Das Geld war fast aufgebraucht. Die drei verkauften das Haus von Hyos Eltern, sodass sie eine Weile ihr Auskommen hatten. Aber Hyo fühlte sich immer elender. Er hatte die Schikanen seines fünfzehnjährigen Onkels satt und wollte das Dorf verlassen, wo er für jeden der Sohn eines Verräters war.

Also sagte er eines Tages zu seiner Großmutter: „Oma, ich gehe."

Hyo war damals vielleicht acht Jahre alt, aber er wusste,

was er wollte. Seine Großmutter war alt, das Geld würde bald verbraucht sein, und was dann? Da wurde er lieber freiwillig obdachlos. Er würde in die nächste Stadt gehen und dort sein Glück versuchen.

Die Großmutter ließ ihn ziehen. Konnte sie nicht mehr für ihn sorgen und sah auch keine andere Lösung? Oder hatte sie sich daran gewöhnt, dass in Nordkorea viele Kinder auf der Straße lebten? Sie gab Hyo etwas Geld und er marschierte zum Bahnhof.

Genau wie sein Vater ein Jahr zuvor fuhr Hyo als blinder Passagier auf einem Zug mit. Er versteckte sich zwischen zwei Güterwaggons. Zwei andere Jungen – neun und zehn Jahre alte Brüder – hatten die gleiche Idee gehabt. Sie wurden sofort Hyos Freunde.

„Ihre Eltern waren verhungert", berichtet Hyo. „Diese Jungen wurden mir so wichtig. Sie lebten schon seit einiger Zeit auf der Straße und brachten mir alles bei, was man dort zum Überleben brauchte: wie man auf dem Markt am besten Lebensmittel stahl, wie man sich vor der Polizei schützte und um welche Waisenkinderbanden man am besten einen Bogen machte, weil sie gewalttätig werden konnten. Die beiden Brüder waren die besten Freunde, die ich je gehabt hatte; ich liebte sie mehr als meine eigenen Verwandten."

Die meisten der Waisen, die in der harten Schule der Straße überlebten, landeten in mafiaähnlichen kriminellen Banden. Das wollten die drei nicht. Sie träumten von einer schönen Zukunft, sogar von einem eigenen Haus. „Wenn wir groß waren, wollten wir drei gemeinsam eine Firma gründen. Bis dahin mussten wir über die Runden kommen. Wir schliefen am Bahnhof, unter abgestellten Zügen, wo es nicht ganz so kalt war. Wir gingen auf die Wiesen und stocherten in

Kuhfladen nach unverdauten Maiskörnern, die wir dann wuschen und aßen."

Es war anstrengend für Hyo, sich an das Straßenkinderleben zu gewöhnen, aber er schaffte es. Bei seinen Freunden war er in Sicherheit; gemeinsam bewältigten sie alles. Aber die harten Bedingungen, unter denen sie lebten, schwächten die Jungen. Als Hyo elf war, wurden sie alle drei krank. Hyos Freunde waren schwächer als er. „Sie starben beide in meinen Armen. Es war der schlimmste Augenblick meines Lebens. Jetzt war ich wieder völlig allein."

Hyo überlebte. Auch wenn er ihn noch nicht kannte: Gott hatte eingegriffen. Warum Gott damals nur ihn rettete und nicht auch seine Freunde, weiß Hyo nicht. „Ich hatte Glück", sagt er. „Da war diese Frau, die mich sah und sich um mich kümmerte. Allein das ist in Nordkorea schon ein Wunder. In meinem Land herrscht das Gesetz vom Überleben des Stärkeren. Jeder sieht zu, dass *er* durchkommt. Doch diese Frau hatte Mitleid mit mir und brachte mir Medikamente. Nach und nach wurde ich wieder gesund. Aber ich war nicht glücklich. Ich vermisste meine Freunde furchtbar. So allein hatte ich mich noch nie gefühlt. Ich hatte niemanden mehr. Gut, Gott war natürlich da, aber das weiß ich erst heute; damals war ich blind für ihn. Ich hatte ja nie von ihm gehört."

Wieder schickte Gott Hyo einen Helfer über den Weg. Es war ein nordkoreanischer Geschäftsmann, der manchmal Waisenkinder zum Tragen seiner Taschen anheuerte. Er bot Hyo einen Job an. „Es war ein riskantes Angebot, sehr sogar. Woher sollte ich wissen, ob ich diesem Mann trauen konnte? Viele Straßenkinder wurden entführt und umgebracht, damit man ihre Organe und ihr Blut verkaufen konnte.

Aber ich hatte keine Wahl. Ich musste dem Mann vertrauen."

Hyos Vertrauen wurde belohnt. Mehrere Jahre lang arbeitete er für den Geschäftsmann, von dem er richtige Mahlzeiten, Unterkunft und saubere Sachen zum Anziehen bekam. Manchmal durfte er sogar in das Haus des Mannes, wo er dessen Kinder sah. „Das machte mich neidisch. Sie sahen so glücklich aus und gingen zur Schule. Das wollte ich auch. Endlich wieder ein normales Leben haben, einen Beruf lernen, meine Zukunft vorbereiten."

Der schwarze Stempel

Es dauerte etwas, bevor Hyo den Sprung wagte. Als er fünfzehn geworden war, sagte er dem Geschäftsmann, dass er wieder in die Schule wollte. Der Mann versuchte, ihm das auszureden; wahrscheinlich sah er besser, was für einer Illusion Hyo da nachjagte. Aber schließlich kaufte er ihm, zum Dank für seine Dienste, eine Schuluniform. Nach fast acht Jahren ohne ein Zuhause kehrte Hyo zu seiner Großmutter zurück.

„Ich ging wieder in die Schule, aber ich musste mich furchtbar anstrengen. Acht Schuljahre hatte ich verpasst, die ich jetzt so schnell wie möglich aufholen musste. Aber das war mir egal, ich wollte mir meinen großen Traum erfüllen: zum Militär gehen. Dort lag meine Zukunft."

In Nordkorea kann man auf der sozialen Leiter nicht aufsteigen, sondern nur herunterfallen. Wer in die Arbeiterklasse hineingeboren wird, wird sein ganzes Leben dort bleiben. Und wer ein schweres Verbrechen begeht (zum Beispiel den „Führer" beleidigen oder nach China fliehen) und dabei erwischt wird, kommt in die Klasse der „Volksfeinde". Für Menschen aus fast allen Schichten der Gesellschaft gibt es nur eine einzige Möglichkeit aufzusteigen: die Armee.

Bald nachdem Hyo in sein Dorf zurückgekehrt war, bewarb er sich bei der Armee. Ab siebzehn konnte man Soldat werden. Hyo scheint in dem Bewerbungsverfahren ziemlich weit gekommen zu sein. Doch beim letzten Vorstellungsgespräch geschah etwas, was er nicht erwartet hatte. Der Offizier legte die Akte von Hyos Vater auf den Tisch. Auf der Akte prangte ein schwarzer Stempel mit der Abkürzung für „Demokratische Volksrepublik Korea". Ein schwarzer Stempel – das bedeutete, dass Lee und damit auch sein Sohn Hyo zur Klasse der Volksfeinde gehörten. „Ich konnte nicht in die Armee. Alle Hoffnungen auf eine gute Zukunft in Nordkorea waren damit zerschlagen. Ich schämte mich meiner Herkunft und hasste meinen Vater. Er war schuld daran, dass ich in dieser hoffnungslosen Situation gelandet war. Ich musste raus aus Nordkorea! Aber wie?"

Nun, Hyo brauchte nicht lange zu warten. Inzwischen war sein Vater Lee in Südkorea und hatte bereits sechsmal Menschen dafür bezahlt, in Nordkorea nach Hyo zu suchen. Sie hatten ihn jahrelang nicht gefunden, aber jetzt, wo er wieder bei seiner Großmutter wohnte, kamen sie ihm auf die Spur. Eines Tages stand ein Mann vor Hyo, der behauptete, von seinem Vater geschickt zu sein. Hyo traute seinen Ohren nicht. War sein Vater etwa noch am Leben? Der Besucher hatte ein chinesisches Handy dabei und rief kurzerhand Lee an, damit der mit seinem Sohn sprechen konnte. „Es war ein seltsames Telefongespräch", erzählt Hyo. „Ich erkannte die Stimme meines Vaters nicht; mein halbes Leben hatte ich ja ohne ihn verbracht. Mein Vater fragte mich über die verschiedenen Familienmitglieder aus, um ganz sicher zu sein, dass ich auch wirklich sein Sohn war. Er wollte, dass ich nach China ging, um ihn dort zu treffen. Ich sagte zu; denn ich wusste, dass ich in Nordkorea nie ein richtiges Leben haben würde."

Hyo ging zusammen mit dem Mittelsmann seines Vaters über die Grenze nach China. Am Tumen bestachen sie die Grenzwächter, aber über den Fluss schwimmen mussten sie alleine. Die Strömung war so stark, dass es fast zu viel für Hyo war; er musste seine ganze Kraft zusammennehmen, um es bis ans chinesische Ufer zu schaffen. Als er dann dort stand, schaute er zurück zu seinem Land. „Ich dachte: Das ist das letzte Mal, dass du Nordkorea siehst."

In China lebte Hyo in verschiedenen illegalen Unterkünften für Flüchtlinge aus Nordkorea. Die meisten dieser Unterkünfte wurden von chinesisch-koreanischen Christen geführt. Die chinesische Regierung bedroht jeden, der Flüchtlingen hilft, mit hohen Geldbußen, ja sogar mit Gefängnisstrafen. Trotzdem gibt es Christen, die sich diesem Verbot widersetzen und sich aus Nächstenliebe um die Menschen kümmern, denen die Flucht aus Nordkorea gelungen ist.

Kein Wunder also, dass Hyo in einem christlichen Heim landete. Es gab dort noch mehr Jugendliche, und sie taten etwas, das Hyo Angst machte. „Sie lasen aus einem Buch mit einem Kreuz auf dem Umschlag. Ich hatte als Kind gelernt, dass das Kreuz ein Teufelssymbol war, und bekam furchtbare Angst. Vor den Mahlzeiten wurde immer gebetet. Mir kam das alles sehr verdächtig vor. Nach ein paar Tagen flüchtete ich durch ein Fenster. Ich hatte etwas Geld dabei, und so ging ich zu einer Telefonzelle und wählte die Nummer meines Vaters."

Lee reagierte nicht so, wie Hyo erwartet hatte. „Als ich ihm meine Geschichte erzählte, fing mein Vater laut an zu lachen.

Er schickte mir jemanden, der mich in eine andere Unterkunft brachte, wo ich mich wohlfühlte."

Nach einiger Zeit kam Lee nach China, um endlich seinen Sohn in die Arme zu schließen. „Jemand holte mich in meiner Unterkunft ab und brachte mich zu zwei Männern. Ich dachte: Aha, die bringen dich jetzt zu deinem Vater. Der eine trug eine Sonnenbrille. Der andere trat vor, zeigte auf ihn und sagte: ‚Junger Mann, das ist Ihr Vater.'"

Hyo erkannte seinen Vater nicht wieder und Lee begann zu weinen. „Erst jetzt merkte ich, dass da wirklich mein Vater vor mir stand. Es war kein freudiges Wiedersehen. In mir kämpften die Gefühle: Freude, Trauer, Wut. Mein Vater führte mich in ein Restaurant. Ich brachte es nicht fertig, mich an denselben Tisch mit ihm zu setzen, und ließ mich am Nebentisch nieder. Er versuchte, ein Gespräch mit mir zu führen, aber die ersten paar Stunden brachte ich fast kein Wort hervor."

Sie einigten sich schließlich darauf, dass Hyo versuchen würde, über eine südkoreanische Botschaft nach Südkorea zu gehen. Lee begann, Leute zu suchen, die ihm dabei helfen konnten.

„Gott, wo bist du?"

Es war, als ob er in einem Traum rannte. Hyo spürte seine Beine und Füße nicht mehr, er schien über dem Boden zu schweben. Aber er kam schnell voran. Das Geräusch der Schüsse kam wie aus weiter Ferne, als ob in einem Nebenzimmer jemand den Fernseher angelassen hatte. Dann hörte er neben sich ein leises Stöhnen und drehte sich um. Sein dreizehnjähriger Freund stürzte der Länge nach auf den Rücken. Dann plötzlich ein

stechender Schmerz in Hyos Fuß und in seinem Schuh ein Ein-
schussloch. Er war zurück in der Wirklichkeit.

Lees Plan war so einfach gewesen. Hyo würde sich zusammen mit siebzehn anderen Flüchtlingen und einem Fluchthelfer zur mongolischen Grenze begeben. Sie würden die Grenze überqueren und sich bei den Grenzwächtern melden, die sie zur südkoreanischen Botschaft bringen würden. Lee würde in Südkorea auf Hyo warten, wo er, ähnlich wie sein Vater, ein neues Leben beginnen könnte.

Doch der Plan ging schief. Der Fluchthelfer brachte die achtzehn Flüchtlinge mit dem Zug und einem Kleinbus zu einer Stelle in der Nähe der Grenze zur Mongolei. Dort hielt er an, schob einem der Nordkoreaner eine Drahtschere in die Hand und sagte zu der Gruppe: „Geht ungefähr eineinhalb Kilometer in diese Richtung, bis ihr zu einem hohen Stacheldrahtzaun kommt. Schneidet ein Loch in den Zaun und geht ein Stück in die Mongolei hinein. Dort wartet ihr, bis es hell wird. Die mongolischen Grenzwächter patrouillieren jeden Tag an der Grenze. Ergebt euch ihnen, sie kümmern sich dann um alles Weitere."

Hyo weiß bis heute nicht, ob der Fluchthelfer sie in die falsche Richtung geschickt oder sie selbst einen Fehler gemacht hatten. Tatsache ist: Als sie eine Zeit lang gegangen waren, kamen sie an eine große Wiese, die einen Stacheldrahtzaun hatte. Der Draht war so locker, dass sie die Schere nicht brauchten. Sie gingen weiter, ein Stück weit von dem Zaun weg, und beschlossen, hier den Morgen abzuwarten.

Als die ersten Sonnenstrahlen kamen, wurde ihnen klar, dass sie noch in China waren. Plötzlich Panik. Keiner wusste, in welche Richtung sie gehen mussten, aber hierbleiben konnten sie jedenfalls nicht. Sie marschierten los. Als sie am Straßenrand einen chinesischen Bauern sahen, fragte einer der Nordkoreaner ihn in seinem besten Chinesisch, in welcher Richtung die Mongolei lag. Ein fataler Fehler.

Der Bauer schwenkte seinen Daumen. „Die Mongolei? Ein paar hundert Meter in der Richtung." Die Flüchtlinge gingen weiter. Inzwischen rief der Bauer bei der Polizei an. Nicht lange, und ein Militärjeep brauste heran. Von ihm sprangen sieben Soldaten ab. Hyo berichtet: „Wir fingen sofort an zu rennen, in mehrere Richtungen. Sie waren sieben und wir achtzehn, sie konnten uns nicht alle kriegen. Ich rannte zusammen mit einem neuen Freund, einem dreizehnjährigen Jungen. Wir hatten nur einen Gedanken: Weg von den Soldaten!"

Dann plötzlich Schüsse aus automatischen Waffen. Hyos Freund wurde von einer Kugel im Rücken getroffen, die an der Brust wieder austrat. Fast gleichzeitig wurde Hyo am Fuß getroffen. Er fiel auf die Knie, neben seinen schwerverletzten Freund. „Nein, nein, nein!", schrie er. „Du darfst nicht sterben! – Gott, hilf uns! Wo bist du?"

Er schaute zu seinem Freund hinunter. Ein paar Sekunden, und es war vorbei. Zum dritten Mal in Hyos Leben war ein Freund in seinen Armen gestorben.

Dass Hyo zu Gott geschrien hatte, war etwas Neues für ihn. Die chinesischen Christen, die ihm in dem Flüchtlingsheim geholfen hatten, hatten ihm geraten, zu Gott zu rufen, wenn er in Not war. Wann hätte er das ausprobieren sollen, wenn nicht jetzt?

Aber Gott antwortete nicht – so sah es jedenfalls aus. Keine Vision, kein Engel, kein Donner vom Himmel. Auch kein Frieden in Hyos Herzen. Stattdessen abgrundtiefer Hass.

Hyo hasste die ganze Welt, vor allem den Fluchthelfer, den Bauern – und seinen Vater. Während Hyo die Kugeln um die Ohren flogen, saß Lee sicher im fernen Südkorea, wo er seinen Pflichten als Pastor nachging. Er war davon ausgegangen, dass der Fluchtplan schon gelingen würde. Alles, was Hyo wusste, war, dass sein Vater ihn auf der letzten Etappe der Flucht alleingelassen hatte und wieder einmal nicht für ihn da war, als er ihn so dringend brauchte.

Die Soldaten verhafteten Hyo und die sechzehn anderen, die die Schüsse überlebt hatten. Man brachte ihn in ein Krankenhaus, wo die Schusswunde an seinem Fuß versorgt wurde. Von dort würde er ins Gefängnis kommen, der letzten Etappe vor der unvermeidlichen Abschiebung in das Land, das er nie wieder hatte sehen wollen.

„Willkommen zu Hause"

An diesem Punkt wird die Geschichte zu viel für Hyo. Er weigert sich fortzufahren. Wir einigen uns darauf, dass er nach dem Wochenende weitererzählt, an dem er auf dem Jugendgebetstreffen *Shockwave* sprechen wird.

Am Montagmorgen bringe ich Hyo zum Flughafen. Vor dem Abflug setzen wir uns wieder ins Selbstbedienungsrestaurant. Während er seine Cola trinkt, frage ich ihn, ob wir fortfahren können mit dem Interview, an dem Punkt, wo er in China verhaftet wurde. Er nickt, aber sein sonst eher fröhliches Gesicht verfinstert sich und seine Stimme klingt schwerer, irgendwie erwachsener.

„Könntest du beschreiben, wie du nach Nordkorea zurückkamst?", frage ich.

„Wir wurden in China gut behandelt und bekamen täglich zwei Mahlzeiten, aber wir wollten nicht zurück, und so traten wir in den Hungerstreik. Die Chinesen kümmerte das nicht, sie wollten uns so oder so deportieren. Sie fesselten uns an Händen und Füßen und verfrachteten uns in einen Bus. Der Bus fuhr zur Grenze und dann über eine Brücke. Als wir an dem nordkoreanischen Gefängnis ankamen, mussten wir aussteigen. Ich wusste nicht, was mich erwartete, aber ich ging davon aus, dass mein Todesurteil schon unterschrieben war."

Hyo schluckt, bevor er fortfährt. „Wir wurden von mehreren Soldaten und Polizisten in Empfang genommen. Einer sah echt gemein aus. Er sah mich an und sagte: ‚Willkommen zu Hause. Dumm für dich, dass du geflüchtet bist.'"

„Wie sah dieses Gefängnis aus?", frage ich.

„Von außen wie ein gewöhnliches, ziemlich langweiliges einstöckiges Gebäude. Aber es gab mehrere unterirdische Geschosse."

„Woher wissen Sie das?"

„Ich war in allen vier Geschossen. Ich wurde immer mit verbundenen Augen Treppen hinuntergeführt. Ich habe die Stufen und die Stockwerke gezählt. Je tiefer nach unten sie mich führten, umso schlimmer haben sie mich gefoltert."

Und dann berichtet Hyo zum ersten Mal von den schlimmsten Tagen seines Lebens. Im ersten Untergeschoss waren die Verhöre nicht besonders schlimm. Die Beamten versuchten vor allem, ihn durcheinanderzubringen. Im einen Augenblick versprachen sie ihm eine interessante Arbeitsstelle und eine gute Zukunft, wenn er kooperierte, im nächsten fragten sie ihn: „Du glaubst doch wohl nicht, dass du hier lebendig wieder rauskommst?"

Die Verhörbeamten wollten vor allem Informationen über Hyos Vater, der offenbar immer noch polizeilich gesucht wurde. „Sie wollten, dass ich ihnen sagte, wo er war, aber ich hatte beschlossen, nichts zu sagen. Absolut nichts, egal, was sie mit mir machen würden."

Hyo bekam eine Kapuze über den Kopf und wurde ein Geschoss tiefer gebracht. Dort wurde er zum ersten Mal misshandelt. Auf dem Tisch lagen ein Kugelschreiber und Papier. „Ich musste Informationen niederschreiben. Wenn ich mich weigerte, bogen sie meine Finger zurück. Das tat furchtbar weh." Er zeigt mir seinen rechten Zeigefinger. „Der ist immer noch nicht wieder in der richtigen Lage." Er zieht die Hand wieder zurück und betrachtet selbst den Finger. „Am nächsten Tag fingen sie an, mich mit Stöcken auf den Rücken zu schlagen. Mal sagten sie mir, dass ich bald freigelassen würde, mal, dass sie mich in ein Lager schicken würden. Sie wollten mich verwirren, aber ich gab nicht nach."

Nach mehreren Tagen Folter führten Hyos Peiniger ihn in das allerunterste Geschoss, wo er in eine Einzelzelle kam. Von der Decke hingen Seile herunter, an einer Wand war eine Art Backofen. Es gab auch Metalltöpfe, Pfannen und Stöcke. „Das war meine neue Zelle. Ich hörte regelmäßig die Schreie von den Insassen anderer Zellen. Ich hatte furchtbare Angst."

Zwei Wärter kamen in die Zelle. „Sie sahen wie Schweine aus." Hyo findet keine besseren Worte, um sie zu beschreiben. Sie hingen den Fünfzehnjährigen mit den Füßen an der Decke auf und schlugen ihn mit Knüppeln, bis er bewusstlos war, worauf sie ihn mit kaltem Wasser wieder zu sich brachten, damit sie ihn weiter foltern konnten.

Hyo war sicher, dass er bald sterben würde. Die Wärter

gingen wieder und er bekam eine wässrige Suppe. Er schlief auf dem kalten Betonfußboden. Am nächsten Tag setzten Hyos Peiniger die Folter fort. Erst kamen weitere Fragen über seinen Vater und weitere falsche Versprechen, und dann wieder: „Du glaubst doch wohl nicht, dass du hier lebendig wieder rauskommst?" Er glaubte es tatsächlich nicht mehr. Und so schrie er in Gedanken wieder zu dem Gott, den er nicht kannte. Es war ein Verzweiflungsgebet, das nur aus Schreien bestand: „Hilf mir! Hilf mir! Rette mich!"

Die Folter wurde noch schlimmer. Sie schlugen Hyo mit rotglühenden Rohren, die sie im „Backofen" erhitzt hatten. An Schultern und Beinen bekam er große Brandwunden. Er hielt das nur wenige Minuten aus, bevor er wieder ohnmächtig wurde.

„Ich habe auch einen Sohn"

Dann kam ein anderer Gefängnisbeamter in Hyos Zelle. Hyo erkannte ihn. Es war der Mann, der ihn als Erster verhört hatte. Er hatte ihn nicht gefoltert, aber Hyo war auf der Hut. Jeder Tag konnte sein letzter sein. Keinem Menschen hier durfte er trauen. Und er war absolut am Ende seiner Kraft, sein ganzer Körper schrie vor Schmerzen.

Der Beamte sah ihn aus prüfenden Augen an. Oder war da auch Mitleid in seinem Blick? Schwer zu sagen. Plötzlich sagte er: „Ich habe auch einen Sohn, der fünfzehn ist." Und dann: „In drei Tagen kommst du vor Gericht. Aber so wie du aussiehst, würdest du das nicht durchhalten. Deshalb darfst du auf drei Tage nach Hause, um dich zu erholen. Danach musst du wieder zurückkommen. Du hast drei Tage. Du weißt doch, was das bedeutet?"

Hyo hatte kaum die Kraft, ihm zu antworten, aber er verstand ihn vollkommen: Der Mann gab ihm drei Tage, um zu fliehen.

Zwei Wärter hoben Hyo hoch und trugen ihn zum Tor des Gefängnisses. Draußen warfen sie etwas Stroh auf den Boden und legten ihn darauf. Gleichzeitig rief ein anderer Wärter Hyos Großmutter an. Sie sollte kommen und ihn holen. Es dauerte fast drei Stunden, bis sie da war.

Hyo erzählt: „Ich hörte, wie sie losschrie, als sie mich sah. Da ich nicht gehen konnte, borgte sie von irgendjemandem eine Schubkarre. Mit dieser brachte sie mich zum Bahnhof. Nach einer Stunde waren wir da."

Hyos Großmutter bettelte bei Nachbarn um Medikamente und Essen und behandelte seine Wunden, so gut sie konnte. „Die ganze Zeit sagte sie: ‚Du darfst nicht sterben, bevor ich sterbe. Du darfst nicht sterben, bevor ich sterbe.'"

Die Stunden krochen dahin. Der Augenblick, in dem Hyo zurück ins Gefängnis musste, kam immer näher. Seine Großmutter kannte eine Frau, die gegen Bezahlung Flüchtlinge zur Grenze brachte, aber sie hatte kein Geld. Sie bat die Frau inständig, Hyo zu helfen. „Sein Vater hat viel Geld; wenn du Hyo nach China bringst, wird er dich gut bezahlen."

Die Frau war einverstanden und zog mit Hyo los. Den Großteil des Weges zur Grenze trug sie ihn huckepack. Zwei Tage nach seiner Entlassung aus der Haft und sechzehn Tage, nachdem die chinesische Polizei ihn zurück in sein Land gebracht hatte, stand Hyo wieder an dem Grenzfluss. Diesmal war er zu schwach, um hinüberzuschwimmen, und seine Brandwunden waren noch lange nicht verheilt.

Dann geschah das nächste Wunder. Die Frau bestach die Grenzwächter und bat sie, Hyo beim Überqueren des Flusses zu helfen. Sie wickelten ihn in eine Plastikplane und trugen ihn so ans chinesische Ufer.

In China rief Hyo seinen Vater an. Der bekam fast einen Herzschlag, als er die Stimme seines Sohnes hörte. Er hatte lediglich gewusst, dass Hyo nicht in der Mongolei angekommen war, und war bereits einige Zeit in China gewesen, um nachzuforschen, wo er war – bis jetzt ohne Ergebnis. Er war auch in Kontakt mit Verwandten einiger der anderen siebzehn Flüchtlinge in Hyos Gruppe gewesen.

Hyo und sein Vater trafen sich in einem Hotel. Dort bezahlte Lee seine Fluchthelferin und sie ging. Lee war schockiert, wie schlimm sein Sohn aussah. Am nächsten Tag kamen die Verwandten der anderen Flüchtlinge, die hofften, dass Hyo gute Nachrichten von diesen hatte. Doch der Jugendliche musste sie enttäuschen. Er berichtete ihnen, wie es an der mongolischen Grenze gegangen war und wie der Dreizehnjährige erschossen wurde, und dann, dass er von den anderen seither nichts mehr gehört hatte und nicht wusste, ob sie noch lebten.

In der koreanischen Kultur spielt die Ehre eine große Rolle, und so entschuldigte Lee sich bei den Verwandten der anderen Flüchtlinge dafür, dass nur Hyo entkommen war.

Hyo selbst war noch zu schwach, um dem Gespräch im Hotelzimmer wirklich zu folgen. Als die anderen gegangen waren, brachte Lee seinen Sohn in eine Art Ferienhaus. Er engagierte eine Krankenschwester, und in den folgenden Monaten kam Hyo langsam, aber sicher wieder auf die Beine.

Lee suchte derweil weiter nach einer Möglichkeit, Hyo aus China herauszubekommen. Er kam in Kontakt mit Leuten, die gerade eine Gruppe von Flüchtlingen nach Amerika schleusen wollten. Hyo sollte sich ihnen anschließen; sie würden sich nach Shanghai begeben und dort in einer amerikanischen Schule um Asyl bitten.

Und so saß Hyo ein paar Wochen später zusammen mit sieben anderen nordkoreanischen Flüchtlingen – lauter Frauen und Kindern – in einem Kleinbus, der durch Shanghai fuhr. Man gab ihnen einen Zettel, auf dem etwas stand, was sie nicht lesen konnten. Laut dem Fluchthelfer stand dort auf Englisch, in der Sprache der Amerikaner, dass sie Nordkoreaner waren, die um Asyl in den USA ersuchten.

Der Plan war nicht durchdacht. Niemand schien sich bewusst zu sein, dass Hyo und die anderen sich damit in große Gefahr brachten. Dabei fing alles gut an. Die Flüchtlinge stiegen aus dem Bus und rannten zum Zaun des Schulgeländes. Schon stieg der Erste über den Zaun, dann die anderen. So schnell sie konnten, rannten sie weiter, in das Gebäude hinein.

Dort brach Panik aus. Wer waren diese Eindringlinge? Das Wachpersonal kam und hielt die Gruppe im Eingangsbereich fest. Alsbald kam der Rektor, und die Flüchtlinge hielten ihm ihren Zettel hin. Keiner von ihnen sprach Englisch und das Schulpersonal konnte kein Koreanisch. Der Rektor ließ einen Dolmetscher holen und erklärte den Nordkoreanern, dass er ihnen kein Asyl gewähren konnte; dies konnte nur die Botschaft, und dies hier war eine Schule und keine Botschaft.

„Wir sind verpflichtet, die Behörden zu benachrichtigen, aber wir werden Sie nicht hindern, wenn Sie wieder gehen wollen." Doch die Nordkoreaner, die sich (wie ein Schüler später einer Menschenrechtsorganisation in einer E-Mail schrieb) in einer Art „Schockstarre" befanden, rührten sich nicht vom Fleck, bis die chinesischen Sicherheitskräfte eintrafen. Hyo hatte nicht begriffen, dass der Rektor ihnen praktisch geraten hatte, sich davonzumachen, solange noch Zeit war.

Als die Chinesen eintrafen, war es 5 Uhr nachmittags. Es war Montag, der 27. September 2004 – eine Stunde und 20 Minuten, nachdem die Gruppe über den Zaun gestiegen war. Das war der Moment, als Hyo dachte, dass es jetzt mit seinem Leben endgültig aus war. Er erinnert sich gut: „Ich war sicher, dass die Chinesen mich wieder zurück nach Nordkorea bringen und dass ich diesmal das Gefängnis dort nicht überleben würde. Sie würden mich entweder kurzerhand hinrichten oder langsam zu Tode foltern. Aber ich hatte keine Panik. Eigentlich fühlte ich gar nichts, ich war wie betäubt."

In seiner Zelle wurde Hyo gut behandelt. Seine Zellengenossen waren eine bunte Mischung: ein chinesischer Gangster, ein koreanischer Christ und ein Drogenschmuggler aus dem Ausland. Vergeblich versuchten sie, ihn aufzumuntern. Hyo wurde immer depressiver und mehrere Male versuchte er, sich mit Tabletten das Leben zu nehmen.

Der koreanische Christ forderte ihn auf zu beten. Hyo erinnert sich: „Ich hatte viel Zeit zum Nachdenken, was ich auch tat. Immer öfter musste ich an Gott denken. In China hatten viele Menschen von ihm gesprochen und ich wusste von meinem Vater, dass er der Herr seines Lebens war. Was, wenn es ihn wirklich gab? Sicher war ich da nicht. Was hatte er denn gemacht, als ich ihn an der mongolischen Grenze angefleht hatte, das Leben meines Freundes zu retten? Aber ich war verzweifelt und am Ende, und so betete ich schließlich: ‚Gott, wenn es dich wirklich gibt, lass mich das hier überleben. Rette mich!'"

Eines Tages kamen die Wärter in die Zelle und befahlen Hyo mitzukommen. *Jetzt ist es also so weit,* dachte er, *jetzt schicken sie mich zurück.* Er verabschiedete sich von seinen Zellengenossen und ging zwischen den Wärtern durch die Flure, die kein Ende nehmen wollten. Dann bedeuteten ihm die Wärter, durch eine der Türen zu gehen.

Hyo erwartete nichts anderes, als dass hinter der Türe die harten Gesichter nordkoreanischer Beamter auf ihn warteten. Doch stattdessen saßen zwei Weiße hinter dem Schreibtisch. Amerikaner! Sein Herz wollte aussetzen.

Er hörte das, was sie ihm durch ihren Dolmetscher sagten, wie durch einen Nebel hindurch: Er brauche noch etwas Geduld, dann würde er freigelassen werden. In welches Land wolle er dann gehen? Er habe die freie Wahl.

Hyo wollte natürlich dorthin, wo sein Vater war, nach Südkorea.

Als er zurück in seine Zelle kam, waren seine Zellennachbarn außer sich vor Freude. Hyo selbst konnte es schier immer noch nicht glauben. Bald würde er frei sein! Hatte Gott seine Gebete doch erhört? Doch, er musste sie erhört haben. Das Unmögliche war geschehen.

In dem Augenblick legte Hyo sein Leben in die Hand dieses Gottes, den er nicht kannte. Des Gottes, der ihn gesehen hatte, als er unter abgestellten Zügen schlief, der ihm Menschen über den Weg geschickt hatte, als er auf der Straße lebte, der ihn mit seinem Vater zusammengebracht hatte, der ihn im nordkoreanischen Gefängnis vor dem Tod bewahrt hatte und der sich ihm jetzt als Retter offenbarte.

Ein paar Tage später konnte Hyo China verlassen, aber nicht bevor seine Zellengenossen (der Christ, der Drogenschmuggler und der Gangster) ihm einen Kuchen spendiert hatten. Es war die schönste Feier, die Hyo je erlebt hatte.

Er flog zunächst nach Japan, wo er einen südkoreanischen Pass erhielt, und dann nach Südkorea. Später siedelte er in ein westliches Land um, wo er heute noch wohnt und Zahnmedizin studiert.

Das Leben ist nach wie vor nicht leicht für Hyo. Manchmal erinnert er mich an Pinocchio, die Holzpuppe, die so gerne ein normaler Junge wäre. Nichts würde Hyo lieber tun, als ein ganz normales Leben zu haben und seine Vergangenheit zu vergessen.

Doch das ist schwierig, wenn nicht unmöglich. Während Hyo jetzt über die holländischen Wiesen geht, streichen seine Finger instinktiv über die Sträucher und andere Pflanzen, schiebt er sich prüfend hier ein Blatt, dort einen Stängel in den Mund: Ist das etwas Essbares? Er mag keine Plätzchen, in Nordkorea hat er nie welche bekommen. Und immer wieder hat er diese Albträume, in denen er erneut in der nordkoreanischen Finsternis ist. Es fällt ihm auch schwer, über die Vergangenheit zu reden.

Dazu kommt er aus einer Familie, die die Umstände auseinandergerissen haben. Sein Vater hat wieder geheiratet. Hyos leibliche Mutter und seine kleine Schwester, die er beide zehn Jahre lang nicht gesehen hatte, kamen später auch nach Südkorea. Doch der Schmerz ist so groß, dass sie sich nicht wirklich über die Vergangenheit austauschen können.

Manchmal sagt Hyo: „Ich habe keine Familie mehr." Aber er weiß, dass Gott immer bei ihm ist. „Er ist mein himmlischer Vater."

Die Bibel im Leben von Lee und Hyo

1. „Das Wort wurde Mensch" (Johannes 1,14). Dieser bekannte Bibelvers spricht natürlich von unserem Erlöser Jesus Christus, aber in Lees Glaubenszeugnis über seine Eltern sehen wir, dass Gottes Wort sich auch durch uns zeigen kann. Unter der Diktatur der Kim-Dynastie konnten Lees Eltern nicht offen von Jesus sprechen – und doch spürten ihre Mitmenschen, dass sie anders waren. Lees Eltern praktizierten das, was die Bibel lehrt: Sie liebten ihre Nächsten und zeigten dies unter anderem dadurch, dass sie sich um Witwen und Waisen kümmerten. So lebten sie Gottes Wort.

2. In Hiob 2,6 (revidierte Lutherbibel) sagt Gott zum Satan: „Siehe da, er sei in deiner Hand, doch schone sein Leben!" Das Buch Hiob, dieses große Buch des Leidens, ist schwer zu verstehen, aber eines wird sehr deutlich: Seine Hauptperson, Hiob, erfährt nie, was im Himmel vorging. Nur die Leser erhaschen einen kurzen Blick hinter den Vorhang, und dieser Blick zeigt: Der Satan kann nicht ohne Gottes Erlaubnis handeln (auch wenn es schwer für uns ist zu verstehen, warum Gott dem Satan gestattet, Hiob zu prüfen). Mit anderen Worten: Gott ist der Herr in jeder Situation. Nichts, was der Teufel seinen Jüngern antut, kommt für ihn überraschend. In der Geschichte von Lee und Hyo mögen wir uns fragen, warum Gott so vieles zugelassen hat und warum es so viel Leid gibt; und wir dürfen Gott diese Fragen auch stellen. Doch wir müssen uns dabei immer an das Vorbild Hiobs erinnern, der nie seine Ehrfurcht vor Gott aufgab. In Hiob 38-41 findet Gott sehr deutliche Worte und stellt klar: Er ist souverän und wir sind im Vergleich zu ihm nur Staub.

3. Jesaja 43,11 („Ich, der Herr, bin der einzige Gott. Nur ich kann euch retten") ist das große Thema meines Romans über Nordkorea, *Das Haus mit dem Zeichen*. Als ich ihn schrieb, kannte ich Lee oder Hyo noch nicht, aber dieses Thema zeigt sich auch in ihren Lebensläufen. Schon bevor sie ihn überhaupt kannten, rettete Gott ihnen mehr als einmal das Leben. Gott kennt die Seinen. Er weiß, wer zu ihm gehört, und kann aus Bösem Gutes entstehen lassen. Vater und Sohn erlebten schreckliche Dinge, aber ohne diese Leidenszeiten wären sie vielleicht keine Jünger von Jesus geworden.

Zum Nachdenken

Worauf schauen Sie, wenn es in Ihrem Leben hart auf hart kommt? Auf die Umstände oder auf Gott?

Was Sie tun können

Werden Sie ein Botschafter für verfolgte Christen – warum nicht besonders für die in Nordkorea? Das ist nicht schwer. Stellen Sie einen Kommentar oder eine Geschichte in Facebook, Twitter oder an anderer Stelle ins Internet. Sprechen Sie mit anderen Menschen über das Thema. Tauschen Sie sich mit anderen Christen aus.

Und geht es auch durch dunkle Täler, fürchte ich mich nicht, denn du, Herr, bist bei mir. Du beschützt mich mit deinem Hirtenstab.   David (Psalm 23,4)

3

Hea Woo: Mission im Arbeitslager

Nordkorea

Hea Woo wurde in den 1940er-Jahren geboren. Sie kam an einem Ort zur Welt, der nach dem Zweiten Weltkrieg zunächst zu Nordkorea gehörte, sich aber seit dem Koreakrieg auf südkoreanischem Territorium befindet. Ihre Mutter war Christin, doch davon wusste Hea Woo nichts. Sie kam erst später in ihrem Leben zum Glauben. Ihre Geschichte ist ebenso schockierend wie eindrücklich – so eindrücklich, dass ich sie im Folgenden selbst zu Wort kommen lassen möchte. Es bedarf keiner weiteren Erläuterungen, um zu sehen, wie Gott in ihrem Leben gewirkt hat und immer noch wirkt.

Mein Name ist Hea Woo. Ich wurde in Nordkorea geboren. Schon als Kind war ich mit dem Krieg konfrontiert. Als 1950 der Koreakrieg ausbrach, lag unser Dorf an der Grenze zwischen Nord- und Südkorea, also direkt an der Front. Bald kamen nordkoreanische Soldaten und befahlen den Bewohnern, das Dorf zu räumen. Auch meine Mutter, meine Schwester und ich zogen los. Mein Vater war bereits in die Armee eingezogen worden, wo er als Arzt diente. Wir sollten ihn nie mehr sehen; er fiel im Krieg. Wir gingen zu Fuß, in Richtung chinesische Grenze. Eigentlich wollten wir in die andere Richtung. Es hatte Pläne gegeben, nach Südkorea zu fliehen – vielleicht, weil meine Eltern Christen waren und

Kim Il Sung schon in den 1940er-Jahren deutlich gemacht hatte, dass er gegen die Christen war. Wahrscheinlich hatten meine Eltern Angst; ich weiß es nicht. Meine Mutter hielt ihren Glauben immer vor mir verborgen. Aber wir versuchten nie, in den Süden zu gehen. Dazu war meine Mutter zu krank. Als dann der Krieg ausbrach, hatten wir keine Wahl. Trotz ihrer schlechten Gesundheit musste meine Mutter mit uns zu Fuß zur chinesischen Grenze.

Die Kette mit dem Kreuz

Wir gingen meist nachts. Am Tag versteckten wir uns vor den amerikanischen Bombern. Ich sehe die Flugzeuge heute noch vor meinem inneren Auge und verstehe nicht, warum sie ihre Bomben auf unschuldige Zivilisten warfen.

Wir brauchten zwei Monate, um die Grenze zu erreichen. Es war die reinste Hölle. So viele Menschen starben – die einen durch die Bomben, andere vor Hunger oder Erschöpfung. Ich hatte furchtbare Angst.

Eines Tages schaute ich meine Mutter an und sah, dass sie eine Kette mit einem kleinen Kreuz um den Hals trug. „Was ist das, Mama?", fragte ich. Sie schob die Kette schnell in ihre Bluse. „Psst! Sag niemandem etwas davon!" Ich sagte wirklich nie jemandem etwas von der Kette, aber ich vergaß sie nie. Erst viele Jahre später dämmerte mir, dass meine Mutter eine Christin gewesen war.

Als wir den Norden unseres Landes erreichten, bekamen wir eine Bescheinigung, die uns erlaubte, jeden Tag Lebensmittel zu bekommen. Tagsüber waren wir draußen, am Abend durften wir in die Häuser, um bei Fremden zu schlafen.

Meine Oma wohnte in China. Sie kam regelmäßig zu Besuch über die Grenze. Eines Tages forderte sie uns auf, mit ihr nach China zu gehen. Meine Mutter wollte nicht, sie sagte: „Ich warte hier auf Papa." Und so gingen meine Schwester und ich mit Oma mit und unsere Mutter blieb in Korea.

Den Rest des Krieges verbrachten meine Schwester und ich in China, wo wir von den Kämpfen nichts mitbekamen. Auch die ersten Jahre nach dem Krieg wohnten wir in China, wo Mao Zedong an der Macht war. Er bot Kim Il Sung an, eine größere Zahl koreanischer Waisenkinder in China aufwachsen zu lassen. Unser „Führer" nahm das Angebot an, und unter den also Auserwählten waren auch meine Schwester und ich.

Einen Großteil meiner Kindheit verbrachte ich also weit weg von meiner Mutter. Dann kam der Tag – wir waren jetzt seit sieben Jahren in China –, an dem es hieß, dass alle nordkoreanischen Kinder nach Hause zurückzukehren hatten.

„Der Himmel sorgt für uns"

Jetzt lernte ich meine Mutter endlich etwas besser kennen. Sie sagte mir nie, dass sie Christin war, aber ich merkte, dass sie anders war als andere Menschen. Sie kümmerte sich um Witwen und Waisen, obwohl wir selbst arm waren.

1990 starb meine Mutter, und sieben Jahre später wurde ich Christin. Erst jetzt erkannte ich, dass meine Mutter ja die ganze Zeit auch Christin gewesen war. Wenn sie das Frühstück richtete, murmelte sie immer ganz leise irgendetwas. Heute weiß ich, dass sie betete. Bis heute bedaure ich es mehr als alles andere, dass ich nie mit ihr über Gott sprechen konnte. Ich weiß nicht, warum sie mich nie ins Vertrauen zog. Vielleicht weil ich so eine Plaudertasche war? Im Bewahren von Geheimnissen war ich nicht gut. Mein großer Mund hätte uns womöglich alle ins Arbeitslager gebracht.

Und so wuchs ich als gute Kommunistin auf. Nach Nordkorea zurückgekehrt, lernte ich rasch, dass christliche Missionare unser Volk zu unterwandern versuchten, um Leute zu bekehren. Christen waren unfähig zu „revolutionären Taten" und somit Feinde. Jede Art Religion, vor allem aber das Christentum, war wie Opium: Sie machte einen süchtig und kaputt. Ich hörte Geschichten von Christen, die in Krankenhäuser gingen und dort Patienten in den Keller lockten, wo sie sie umbrachten und das Blut aus ihren Körpern saugten, um es zu verkaufen – furchtbar.

Mein Leben drehte sich um Kim Il Sung. Jedes Reiskorn, das wir aßen, kam von ihm. Heute kann ich darüber lachen, doch damals war er für mich kein Mensch, sondern ein Gott. Er brauchte weder zu essen noch zu schlafen. Meine Mutter versuchte manchmal, mir die Wahrheit über Kim Il Sung zu sagen und dass er auch nur ein Mensch war. Aber das klang in meinen Ohren sehr abwegig. Manchmal sagte sie eben etwas merkwürdige Dinge …

Meine Mutter arbeitete als Hebamme in einem Krankenhaus. Sie munterte die Frauen dort mit Sätzen auf wie: „Der Himmel sorgt für uns." Zu mir sagte sie: „Tu nichts Unrechtes. Der Himmel sieht alles, was du tust, vergiss das nie!" Auch Witwen sagte sie, dass der Himmel für sie sorgte. Heute glaube ich, dass sie evangelisierte, aber damals erkannte ich das nicht. Soweit ich weiß, hatte meine Mutter keine Bibel; ich habe in unserem Haus jedenfalls nie eine gesehen.

In den 1950er- und 1960er-Jahren wurden alle nordkorea-

nischen Bürger überprüft und einer von drei Klassen zuge-
ordnet: den „Genossen", also der loyalen Klasse (das war die
Elite), der „schwankenden Klasse" oder der „feindlichen Klasse". Familien mit christlichen Wurzeln kamen automatisch in
die „feindliche Klasse". Doch die Behörden entdeckten nie,
dass meine Mutter eine heimliche Christin war, und weil
mein Vater im großen „vaterländischen Befreiungskrieg", wie
wir den Koreakrieg in Nordkorea nannten, gefallen war, kamen wir in die loyale Klasse.

Doch dann heiratete ich einen Mann aus der „feindlichen"
Klasse, einen Musiker und Kriegsgefangenen aus Südkorea,
der nach dem Krieg nicht nach Südkorea hatte zurückkehren
dürfen. Bei einem Fluchtversuch hatte man ihn festgenom-
men und für zwei Jahre in ein Arbeitslager geschickt; nach
Abbüßung seiner Strafe wurde er Bergarbeiter.

Es war Liebe auf den ersten Blick, das heißt, nicht nur Liebe, sondern auch Mitleid. Wir heirateten, doch unser Glück
dauerte nur ein paar Jahre. Eines Tages kam mein Mann nicht
von der Arbeit nach Hause. Die Polizei hatte ihn erneut fest-
genommen und in ein Lager für politische Gefangene gebracht. Warum, habe ich nie erfahren, aber ich schätze, dass
sie ihm einfach nicht trauten. Da saß ich nun mit meinen
beiden kleinen Töchtern und war so gut wie eine Witwe.

Damals war ich viel mit einem Freund meines Mannes zusammen, und 1970 heiratete ich ihn. Es war sehr leicht, die
Scheidungspapiere zu bekommen. Von meinem ersten Mann
habe ich nie wieder etwas gehört; wahrscheinlich ist er in dem
Lager gestorben. Mit meinem zweiten Mann bekam ich ein
weiteres Mädchen und einen Jungen.

Wir hatten ein leidlich gutes Leben, bis Anfang der 1990er-
Jahre der Hunger über Korea kam. 1997 starb meine älteste

Tochter – das Traurigste, was ich in meinem Leben je erlebt habe. Sie arbeitete in einem Salzbergwerk, aber führte nebenbei ein kleines Geschäft, als Zwischenhändlerin. Eines Tages, als sie gerade verreist war, wurde sie ausgeraubt und hatte keinen Pfennig mehr. Einen Monat lang versuchte sie, durch alle möglichen Arbeiten das Geld für die Rückfahrt zusammenzubekommen. Sie schaffte das auch, aber aß in dieser Zeit kaum etwas. Der Hunger nahm ihr alle Kraft. Mein Mann und ich waren bei ihr, als sie starb. Ihre letzten Worte waren: „Wenn ihr nicht auch sterben wollt, geht nach Südkorea."

„Vergib ihnen"

Heute, über fünfzehn Jahre später, bin ich in Südkorea und muss oft an die Worte meiner Tochter zurückdenken. Meine anderen Kinder sind auch hier, aber ich vermisse meine Tochter und meinen (zweiten) Mann. Kurz nach dem Tod meiner Tochter versuchte er, aus Nordkorea zu fliehen. Er wollte nach China und von dort aus nach Südkorea; wir sollten später nachkommen.

Der erste Teil seines Fluchtplans klappte wie geschmiert. Er kam sicher nach China. Dort nahmen sich mehrere Christen seiner an und erzählten ihm von Gott, der Bibel und dem Opfer von Jesus am Kreuz. Mein Mann erzählte ihnen seine Lebensgeschichte – und entdeckte, dass seine Familie christliche Wurzeln hatte. Während des Koreakrieges hatte mein Mann, der damals sieben Jahre alt war, seinen Großvater besuchen wollen. Als er das Haus erreichte, sah er, wie mehrere von Kim Il Sungs Soldaten herauskamen. Das konnte nichts Gutes bedeuten! Er rannte hinein. Auf dem Fußboden lag sein Großvater in seinem Blut. Er beugte sich über ihn. Offenbar wollte der Großvater ihm etwas sagen: immer wieder wiederholte er ein Wort: „Vergib …"

Jetzt, so viele Jahre danach, erkannte mein Mann, dass sein Großvater Christ gewesen war und noch im Sterben Gott gebeten hatte, seinen Mördern zu vergeben. Über diesen Glauben wollte mein Mann mehr erfahren und er fing an, die Bibel zu verschlingen. Bis die chinesische Polizei kam. Wahrscheinlich hatte irgendjemand ihn als Nordkoreaner erkannt und ihn angezeigt. Er wurde verhaftet und nach Nordkorea zurückgebracht, wo er ins Gefängnis kam.

Ich konnte ihn leider nicht besuchen, aber dafür meine Kinder. Sie waren ganz durcheinander, als sie zurückkamen. Ich fragte sie, was los war, und sie zeigten mir die Worte, die mein Mann heimlich einem von ihnen auf die Hand geschrieben hatte: „Glaubt an Jesus." Ich war perplex. War mein Mann Christ geworden? Ich wusste, dass er Lieder aus seiner Kindheit auswendig kannte, in denen es um einen „Jesus" ging, aber bevor er nach China ging, hatte er Jesus nicht gekannt. Es musste etwas mit ihm passiert sein in China – aber was?

Ich habe ihn nie fragen können, denn nach sechs Monaten im Lager starb er. Doch dann stand eines Tages ein Fremder vor meiner Tür. Er berichtete mir, dass er zusammen mit meinem Mann inhaftiert gewesen war. Er sollte nicht der Einzige bleiben; nach und nach kamen weitere Ex-Häftlinge in mein Haus, und alle sagten sie dasselbe: dass mein Mann in der Gefangenschaft gut zu ihnen gewesen war. Er hatte sich um sie gekümmert und ihnen das Evangelium erzählt. Er hatte ihnen berichtet, wie er in China zu Jesus gekommen war und wie er damals stundenlang geweint und gesungen und um Vergebung gebeten hatte.

Als ich hörte, was diese Männer mir da erzählten, erkannte ich plötzlich, dass Kim Il Sung ja gar kein Gott war. Ich hatte mein ganzes Leben auf eine Lüge gebaut! Ich musste weg aus diesem Land! Ich wollte endlich die Wahrheit kennenlernen.

Deshalb begann ich, meinen Besitz zu verkaufen; alles, was einen Wert hatte. Dann fuhr ich in den Norden des Landes und versuchte, von dort aus meine chinesischen Verwandten anzurufen. Umsonst – sie waren umgezogen. Doch dafür lernte ich mehrere andere Leute kennen, die ebenfalls nach China wollten. Wir beschlossen, gemeinsam zu flüchten.

Eines Abends, als es dunkel war, versteckten wir uns unter einer Brücke, die über den Grenzfluss führte. Als gerade keine Soldaten in der Nähe waren, spazierten wir über die Brücke nach China – so einfach war das. Wir erreichten sicher das andere Ufer, wo wir uns trennten.

Ich wollte immer noch zu meinen Verwandten, und so begab ich mich zu der Adresse, die ich von ihnen hatte. Niemand öffnete; sie waren tatsächlich nicht mehr da. Was jetzt? Ich musste daran denken, wie mein Mann Hilfe bei Christen gefunden hatte. Als Kind hatte ich zwar eingebläut bekommen, dass Christen gefährliche Monster waren, aber nach dem, was mein Mann erlebt hatte, hatte ich keine Angst mehr vor ihnen.

Die unglaubliche Geschichte

Nicht weit vom Haus meiner Verwandten hatte ich eine koreanische Kirche gesehen. Ich ging hin und die Menschen dort waren bereit, mir zu helfen. Sie kümmerten sich um mich und erklärten mir das ganze Evangelium. Zunächst verstand ich nur „Bahnhof", doch nach und nach dämmerte es mir: Es gab also tatsächlich einen Gott. Und dieser Gott hatte seinen Sohn auf die Erde geschickt, um für mich zu sterben; er liebte mich und sorgte für mich. Es gibt nur eine Erklärung dafür, dass ich diese „unglaubliche Geschichte" als die Wahrheit erkannte: Meine Mutter und mein Mann hatten für mich gebetet, da bin ich ganz sicher.

Ich war überwältigt von Gottes Liebe. In den folgenden Jahren studierte ich die Bibel und schrieb lange Abschnitte ab. Eine der koreanischen Gemeinden in China hat meine „Handschriftbibel" heute noch. Gott gab mir auch ein Herz für die Mission. Ich erzählte nicht nur unter Koreanern von Jesus, sondern auch unter Chinesen. Von dem Geld, das ich mir verdiente, kaufte ich chinesische Bibeln, die ich dann verschenkte.

Gott fügte es, dass meine Kinder eines nach dem anderen Nordkorea verlassen konnten. Wir machten Pläne, gemeinsam nach Südkorea zu ziehen.

Damals wohnte ich zusammen mit mehreren anderen Nordkoreanern in einem Flüchtlingsheim. Eines Abends gingen zwei der Männer nach der Arbeit in eine Kneipe, wo sie sich betranken und zu randalieren begannen. Die herbeigerufene Polizei brauchte nicht lange, um zu merken, dass sie illegale Einwanderer aus Nordkorea waren. Sie verhörte sie und ließ nicht locker, bis sie die Adresse des Flüchtlingsheims hatte.

Am nächsten Tag kam die Polizei, um sämtliche Flüchtlinge zu verhaften. Niemand war zu Hause – außer mir. Ich wurde verhaftet und zusammen mit den beiden Männern nach Nordkorea deportiert.

Die ersten zwei Tage dort wurde ich stundenlang verhört. Die Beamten schrien mich an, aber taten mir nichts. Doch das sollte bald anders werden. Die beiden anderen Nordkoreaner gaben (wohl um günstiger davonzukommen) zu Protokoll, dass ich ihnen Unterricht im christlichen Glauben gegeben hatte.

Die Polizisten brachten mich zurück in den Verhörraum und schrien mich an: „Womit haben Sie diese Männern indoktriniert?"

Ich versuchte, ruhig zu bleiben. „Mit gar nichts. Ich habe ihnen lediglich von meinem Glauben erzählt."

„Du gehst auf dem Wasser!"

Die Wärter waren gnadenlos. Sie traten mich und schlugen mich mit Stöcken. Ich war so fix und fertig, dass ich zu zweifeln begann, ob es Gott gab. Wie konnte er das zulassen? Warum griff er nicht ein?

Sie führten mich zurück in meine Zelle. Es waren noch zwölf andere Insassen in diesem Loch, aber ich fühlte mich mutterseelenallein. Plötzlich hörte ich eine laute Stimme. Ich schaute hoch. Keiner der anderen reagierte oder verzog auch nur eine Miene. Offenbar war ich die Einzige, die die Stimme gehört hatte.

Plötzlich kam die Stimme wieder. Sie sagte: „Meine geliebte Tochter! Du gehst auf dem Wasser!" Ich hörte diese Stimme nicht in meinem Kopf, sie kam von außen, aber die anderen hörten sie nicht. Und ich wusste, wessen Stimme das war: Gottes Stimme! Er machte mir Mut, er zeigte mir, dass er mich nicht vergessen hatte. Während meiner Haft sollte ich diese Stimme noch etliche Male hören. Jedes Mal war es Gott, der mir eine Botschaft der Ermutigung schickte.

Er sorgte auch dafür, dass das Urteil der Richter nicht allzu hart ausfiel. Manchmal werden Christen in Nordkorea hingerichtet oder verschwinden für den Rest ihres Lebens in irgendeinem Straflager. Ich wurde nur wegen „illegalen Grenzübertritts" zu mehreren Jahren Zwangsarbeit in einem Lager verurteilt. Mein Glaube spielte in dem Urteilsspruch keine Rolle, weil ich ihn in Nordkorea nicht praktiziert hatte.

Die Frage war allerdings, ob man mich überhaupt in das Lager verlegen konnte, denn nach fünf Haftmonaten war ich schwerkrank. Ich hatte mehrere Krankheiten gleichzeitig. Mein Rücken und mein Hals taten mir weh, ich konnte das bisschen Essen, das wir bekamen, nicht bei mir behalten und ich hatte mehrere offene Wunden.

Die Wärter brachten mich in ein Krankenhaus. Ich hörte, wie ein Arzt zu ihnen sagte: „Die hat nur noch drei Tage zu leben."

Trotz all des Elends um mich herum – sterben wollte ich nicht. Und so betete ich: „Lieber Gott, bitte lass mich nicht sterben, bevor ich der Welt von meinem Mann und meinem Land erzählt habe!" Bei mir im Krankenhaus waren sieben Wärter. Sie waren schlimm, aber ich bat Gott, sie für meine Heilung zu benutzen.

Sie brachten mich zurück in das Gefängnis. Wahrscheinlich hatten sie dort etwas Mitleid mit mir, denn meine Essensrationen fielen plötzlich etwas größer aus, als es üblich war. Einige meiner Mitgefangenen hatten Verwandte, die ihnen dann und wann ein paar extra Lebensmittel brachten. Von diesen mussten sie mir etwas abgeben. Und Wunder über Wunder: Jetzt behielt ich alles bei mir, was ich aß. Die Tage vergingen. Ich war immer noch sehr schwach und konnte nur stehen, wenn ich mich an die Wand lehnte. Nachts lag ich auf dem eiskalten Fußboden. Eine Heizung gab es nicht und vor Kälte konnte ich kaum schlafen. Oft fühlten sich meine Hände und Füße halb erfroren an. Wir teilten unsere Zelle mit Ratten und Läusen. Doch nach und nach ging es mir immer besser. Fünf Monate, nachdem ich so krank geworden war, wurde ich „gesundgeschrieben". Die ganze Zeit über hatte ich keine Medikamente bekommen. Aber Gott hatte mein Gebet erhört und mich am Leben erhalten. Während meiner ganzen Haft habe ich nie mit ihm gehadert. Er sorgte dafür, dass ich unter der Belastung nicht zusammenbrach.

Dann kam der Tag, an dem man mich aus meiner Zelle holte und in ein großes Arbeitslager verlegte. Bei der Ankunft begrüßte mich eine hohe Mauer, auf der in großen Buchstaben geschrieben stand: *Jeder Fluchtversuch wird mit dem Tode bestraft.* Meine Baracke war ein großer Raum. Auf dem Fußboden lagen dicht aneinander dünne Matratzen, auf denen fünfzig Frauen schliefen.

Wenn Sie mich fragen, was das Schlimmste war, das ich in diesem Lager erlebte, ich könnte es Ihnen nicht sagen. Jeder Tag war eine Folter. Ich musste damals oft an die zehn Plagen denken, die Gott über Ägypten kommen ließ. Mir kam jeder Tag so vor, als ob ich alle zehn Plagen gleichzeitig erlebte.

Eines Tages werden sie über meine Asche gehen

Jeden Tag starben Insassen. Der Tod war ein Teil unseres Alltags. Die Leichen wurden gewöhnlich verbrannt und die Asche auf den Weg gestreut, der durch das Lager führte. Jeden Tag, wenn wir den Weg entlanggingen, musste ich denken: Eines Tages werden die anderen über *meine* Asche gehen.

Jeder Tag hatte den gleichen, monotonen Rhythmus. Um 5 Uhr morgens Wecken und Appell. Nach dem Frühstück, das aus zwei, drei Löffeln Reis bestand, wurden wir um 8 Uhr aus dem Lager nach draußen auf die Felder geführt. Dort mussten wir ohne Pause bis 12 Uhr arbeiten. Zurück im Lager, bekamen wir wieder ein paar Löffel zu essen, danach ging es bis 18 Uhr zurück an die Arbeit. Abends kam immer die „Kritiksitzung", in der man vor dem Rest der Gruppe sich selbst und andere irgendwelcher „Vergehen" bezichtigen musste. Nach dem spärlichen Abendessen folgte die ideologische Schulung. Dies war der schwierigste Teil des Tages. Uns fielen vor Müdigkeit die Augen zu, aber wir mussten aufpassen und die Worte unserer Lehrer auswendig lernen; wer dies nicht tat, wurde bestraft. Nach einem weiteren Appell konnten wir dann um 22 Uhr endlich schlafen gehen.

Trotz allem blieb ich Gott treu. Vergessen Sie das nicht! Ich blieb treu und Gott half mir zu überleben. Ja mehr noch: Er gab mir den tiefen Wunsch, den anderen Gefangenen das Evangelium weiterzugeben!

Ich sagte ihm, dass ich dafür zu viel Angst hatte. Wenn man mich erwischte, würde das die sichere Hinrichtung bedeuten. Und ich wollte lebendig wieder aus diesem Lager herauskommen! Wie konnte Gott mir da befehlen, den anderen von ihm zu erzählen?

Doch der Wunsch verschwand nicht, ja er wurde eher noch stärker. Gott zeigte mir sogar, welche Menschen ich ansprechen sollte. Da sah ich eine meiner Mitgefangenen und plötzlich wusste ich, dass ich dieser Person erklären musste: Es gibt einen Gott, der jedem, der an ihn glaubt, die Erlösung anbietet. Ich sagte den anderen Gefangenen schlicht das, was in Apostelgeschichte 16,31 steht: „Glaube an den Herrn Jesus, dann werden du und alle, die in deinem Haus leben, gerettet werden."

Es war eine so Mut machende Botschaft für diese Menschen. Jeden Tag schwebten sie am Rande des Abgrunds. Jeder Tag konnte ihr letzter sein. Die Bibelverse, die ich auswendig gelernt hatte, gaben ihnen Hoffnung. Und sie spürten, dass Gottes Geist in mir wirkte. Ich war anders, weil ich meinen Mitgefangenen half. Manchmal gab ich einer Kranken von meinem Reis ab. Oder ich wusch die Kleidung der anderen.

Gott gebrauchte mich, um fünf Menschen zum Glauben an ihn zu führen. Ich versuchte, ihnen beizubringen, was ich über Gott wusste. Es war vielleicht nicht sehr viel und ich hatte in dem Lager keine Bibel. Aber sonntags und zu Weihnachten versammelten wir uns an einem Ort, wo die Wärter uns nicht sahen – oft war das die Toilette –, und hielten dort einen kurzen Gottesdienst. Ich brachte den Frauen Bibelverse und Lieder bei, die wir so leise sangen, dass man es fast nicht hören konnte.

Alle sechs überlebten wir das Lager, weil wir uns umeinander kümmerten. Trotz unserer geheimen Treffen bekamen wir nie Schwierigkeiten. Außer einmal, kurz vor meiner Entlassung. Ich hatte eine Arbeit bekommen, bei der ich in der Nähe des Tores war. Dort konnte ich alleine arbeiten, was mir die Gelegenheit gab, leise zu singen. Aber vor lauter Begeisterung sang ich immer lauter.

Plötzlich sah ich einen der Wärter. Ich hörte sofort auf zu singen. Er befahl mir, mit ihm zu kommen, und führte mich in den Personaltrakt. Er war ganz aufgeregt. Was würde jetzt kommen?

„Was hast du da gesungen?", schrie er.

„Ein politisches Lied."

„Du lügst! Ich habe etwas anderes gehört! Noch mal: Was hast du gesungen?"

Ich blieb bei meiner Version: dass er sich verhört hatte und dass ich ein Lied mit politischem Inhalt gesungen hatte. Er ließ mich schließlich gehen, aber nicht ohne mich zu warnen, dass er ein Auge auf mich haben würde. Außerdem bekam ich an dem Tag nichts zu essen – eine übliche Strafe für Verstöße gegen die „Hausordnung".

Der Mann machte seine Drohung wahr. Jedes Mal, wenn ich zu dem Tor ging, war er da und starrte in meine Richtung. Ich bekam Angst und bat Gott, den Wärter wegzubringen. Als ich an einem Tag wieder zum Tor ging, sah ich, wie er aus dem Personaltrakt stürzte und sich erbrach. Kurz darauf hörte ich, dass er für mindestens zwei Monate ins Krankenhaus gekommen war. Er sollte mir nie mehr Angst machen; ein paar Tage später wurde ich entlassen.

Ende der „Umerziehung"

Es war der glücklichste Tag meines Lebens. Ich stand draußen vor dem Tor, durch das ich ein paar Jahre zuvor im Gefangenentransport gefahren war. Ich hatte Tod und Elend miterlebt und wäre selbst fast gestorben. Doch Gott hatte mich beschützt. Wie oft hatte ich das Lager morgens verlassen, um auf den Feldern zu schuften. Jetzt brauchte ich nie mehr zurückzukommen! Der Staat war der Meinung, dass meine „Umerziehung" beendet war.

Langsam öffnete sich das elektrische Tor. Normalerweise wartete man, bis es ganz offen war, bevor man hindurchging. Auch ich hatte immer gewartet, wenn die Wärter uns zu unserer Arbeit führten. Jetzt rannte ich los, kaum dass die Tor-flügel auseinandergingen, quetschte mich durch den Spalt und lief weiter. Ich lief und lief, ohne einen einzigen Blick zurück. Ich wollte diese Hölle nie wieder sehen.

Ich durfte wieder in einem Dorf wohnen. Leider kann ich über diese Zeit nicht viel sagen, weil ich die Christen dort nicht unnötig in Gefahr bringen möchte. Doch Gott tat gro-ße Dinge in meinem Dorf und etliche Menschen kamen zum Glauben. Wie die Frau mit Brustkrebs, die die Ärzte schon aufgegeben hatten. Ich betete mit ihr, und nach einem Monat war der Knoten verschwunden.

Eine andere Gebetserhörung kam, als ich zusammen mit anderen Dorfbewohnern draußen auf den Feldern war und Getreide säte. Ich bat Gott, dieses Stück Land zu segnen – und siehe da, als die Ernte kam, war der Ertrag dieses Feldes viel höher als bei den übrigen Feldern.

Ins Gelobte Land

Aber auch nach meiner Entlassung sehnte ich mich weiter danach, frei zu sein. Am letzten Weihnachtsfest, das ich im Lager verbrachte, weinte ich furchtbar. In China hatte ich Weihnachten in der Gemeinde feiern können, aber im Straf-lager war das unmöglich. Auch außerhalb des Lagers war es nicht möglich. Es gibt in Nordkorea keine Kirchen, in denen echte Christen sich frei versammeln können. Die paar Kir-chen in Pjöngjang sind potemkinsche Dörfer für die Touris-ten.

Ich fragte Gott, ob ich ins Gelobte Land gehen durfte. Für mich war das Südkorea. Dort herrschte Freiheit und dort waren mittlerweile auch meine Kinder. Ich wollte mich endlich in aller Freiheit mit anderen Brüdern und Schwestern im Glauben treffen können. Geduldig wartete ich darauf, dass Gott mir grünes Licht gab.

Eines Tages war ich im Wald, als ich den schönsten Regenbogen meines Lebens sah. Dieser Regenbogen bestand nur aus einer einzigen Farbe – dem hellsten, strahlendsten Weiß, das man sich denken kann. Und er war so nah, dass ich fast die Augen schließen musste, so hell war das Licht. Ich wusste: Dies war Gottes Zeichen! Die Zeit war reif, nach Südkorea zu gehen. Gott hatte den Weg ins Gelobte Land geöffnet.

Durch verschiedene Untergrundnetzwerke hatte mein Sohn mir mitgeteilt, dass auf den verschiedenen Etappen meines Reiseweges Menschen bereitstanden, die mich zur nächsten Station bringen würden. Er hatte sie engagiert und bezahlt. Also gut. Ich ging über die Grenze und meldete mich bei der ersten Kontaktperson am vereinbarten Ort in China. Zwei Wochen später erreichte ich über Laos Thailand, wo jemand mich in ein Flugzeug nach Südkorea setzte. Endlich war ich frei.

Südkorea – das war für mich Liebe auf den ersten Blick. Noch immer komme ich mir vor, als ob ich in den Flitterwochen wäre. Natürlich ist auch in Südkorea vieles nicht in Ordnung und manche finden, dass das Land zu materialistisch ist. Aber was wissen diese Menschen darüber, was Freiheit ist? Wer weiß überhaupt, was Freiheit ist? Ich habe gelernt, was Freiheit ist. Im Straflager.

Ich lebe im 23. Psalm

Vielleicht bin ich nicht so reich wie die meisten anderen hier, aber ich habe Jesus in meinem Herzen. Ich bin glücklich und ich fühle mich, als ob ich im 23. Psalm lebte, meinem Lieblingspsalm, über den ich im Arbeitslager jeden Tag meditiert habe:

> *Der Herr ist mein Hirte. Nichts wird mir fehlen.*
> *Er weidet mich auf saftigen Wiesen und*
> *führt mich zu frischen Quellen.*
> *Er gibt mir neue Kraft. Er leitet mich auf sicheren Wegen,*
> *weil er der gute Hirte ist.*
> *Und geht es auch durch dunkle Täler,*
> *fürchte ich mich nicht,*
> *denn du, Herr, bist bei mir.*
> *Du beschützt mich mit deinem Hirtenstab.*
> *Du lädst mich ein und deckst mir den Tisch*
> *vor den Augen meiner Feinde.*
> *Du begrüßt mich wie ein Hausherr seinen Gast*
> *und gibst mir mehr als genug.*
> *Deine Güte und Liebe werden mich begleiten*
> *mein Leben lang;*
> *in deinem Haus darf ich für immer bleiben.*

Durch diesen Psalm habe ich im Lager viel gelernt. Ich befand mich damals in einem wahrlich dunklen Tal, aber das war nicht entscheidend. Die Situation, in der ich mich befinde, ändert nichts daran, wer Jesus ist. Wenn er mein Hirte ist, habe ich inneren Frieden, egal, wie die äußeren Umstände sind. Ich fühlte mich im Lager buchstäblich wie im „Tal des Todesschattens" (so Vers 4 wörtlich), aber ich hatte keine

Angst. Gott tröstete mich jeden Tag, manchmal sogar, indem er mir hörbar sagte, dass ich seine geliebte Tochter war. Ich war an einem furchtbaren Ort, aber ich wusste, dass Gott dabei war, mir den Tisch zu decken, und dass ich seine Güte und Liebe erfahren würde – wenn nicht in diesem Leben, dann im nächsten; das war egal. In Gottes Haus darf ich für immer bleiben.

1. „Wer in mir bleibt, so wie ich bei ihm bleibe, der trägt viel Frucht", sagt Jesus in Johannes 15,5. Wir sehen dies deutlich im Leben von Hea Woo, ihrem Mann und ihrer Mutter. Es gab Phasen im Leben dieser Menschen, in denen sie Zeit und Energie investierten, um Gott kennenzulernen – indem sie sein Wort studierten *und* es in die Praxis umsetzten. Sie blieben *in Christus*, selbst wenn sie nicht mehr jeden Tag die Bibel lesen und offen über Jesus sprechen konnten. Das lebendige Wasser, mit dem Gott sie füllte, strömte aus ihrer Seele zu anderen Menschen und berührte sie mit Gottes Liebe.

2. „Glaube an den Herrn Jesus, dann werden du und alle, die in deinem Haus leben, gerettet." In Apostelgeschichte 16,31 sagt Paulus dies zu einem Gefängniswärter, der sich umbringen will, weil er glaubt, dass seine Gefangenen während eines Erdbebens entkommen sind. Er führt Paulus und Silas in sein Haus, wo sie das Evangelium verkündigen und der Wärter und alle, die bei ihm leben, zum Glauben kommen. Gott gab Hea Woo den Auftrag, bestimmten Mitgefangenen dasselbe zu sagen. Er zeigte ihr diese Menschen sogar. Was hatten sie gemeinsam mit dem Gefängnisaufseher in Apostelgeschichte 16? Sie hatten die gleiche Frage: Wie kann ich gerettet werden? – Auch uns führt Gott Menschen über den Weg, zu denen wir eine Beziehung aufbauen sollen, und dann kommt sie irgendwann, die Frage (entweder so oder anders formuliert): „Was muss ich tun, um gerettet zu werden?" Worauf wir ohne Wenn und Aber antworten können: „Glaube an den Herrn Jesus, und du wirst gerettet werden." Auch die übrigen im Haus

oder in der Familie dieses Menschen? Sicher nicht so, dass der Glaube des einen sie automatisch mit rettet, ohne dass sie selbst glauben müssten. Aber Hea Woo schreibt, dass sie zum Glauben kam, weil ihr Mann und ihre Mutter für sie gebetet hatten. Unser Glaube kann dazu führen, dass auch andere zum Glauben kommen.

3. Es ist hochinteressant, wie Hea Woo mit dem 23. Psalm umging. Schon bevor sie ins Straflager kam, hatte sie ihn auswendig gelernt. Jeden Tag meditierte sie über ihn. Sie käute ihn sozusagen wieder und drang so in seine Tiefen ein. Sie stellte die Realität, die sie umgab, ins Licht der Bibel und erkannte, dass sie die irdische Wirklichkeit im Lichte der biblischen Wirklichkeit betrachten musste. So sollten auch wir mit den Problemen und Herausforderungen unseres Lebens umgehen. „Mir geht es gerade nicht gut. Meine Gesundheit, das Geld, der Stress am Arbeitsplatz, die Probleme in der Gemeinde …" Bedeutet dies, dass Gott nicht gut ist? Im Gegenteil: Es bedeutet, dass wir uns immer an ihn wenden dürfen.

Zum Nachdenken

Trauen Sie sich, Gott darum zu bitten, dass er Sie zu Menschen führt, die hören müssen: „Der Glaube an den Herrn Jesus kann Sie retten"? Wenn ja, dann tun Sie es doch einfach. Und wenn nicht, dann bitten Sie ihn um den Mut, diese Bitte an ihn zu richten.

Was Sie tun können

Beten Sie regelmäßig den 23. Psalm – für sich selbst, für andere Christen, für Nichtchristen, für Christen im Gefängnis und in Freiheit, ja für die ganze Welt (wie wäre es jeden Tag mit einem anderen Land?). Beten Sie darum, dass dieser Psalm unser Leben bestimmt.

Niemand liebt mehr als einer, der sein Leben für die Freunde hingibt. Jesus Christus (Johannes 15,13)

4

Haik und Mehdi: Das Feuer ist für uns der sicherste Ort

Iran

„Dies wird das schwierigste Vorwort, das ich je geschrieben habe", notierte Bruder Andrew, der Gründer von Open Doors, Anfang 1994 im Monatsmagazin von Open Doors. Sein letztes Vorwort hatte dramatisch mit drei „PS" geendet:

„PS 1: Ich habe gerade erfahren, dass Mehdi Dibaj freigekommen ist! Preist den Herrn! ‚Es gibt keinen anderen Gott, der auf eine solche Weise retten könnte' (aus Daniel 3,29).
PS 2: Während ich dies schrieb, hörte ich, dass am 19. Januar mein Freund Haik Hovsepian spurlos verschwunden ist.
PS 3: Während dieses Heft in Druck ging, erhielt ich die furchtbare Nachricht, dass Haik ermordet worden ist. Was soll ich sagen? ‚Der Tod seiner Heiligen wiegt schwer vor dem Herrn' (Psalm 116,15, revidierte Lutherbibel)."

Und jetzt musste Bruder Andrew einen Artikel über seinen iranischen Freund Haik schreiben, der brutal ermordet worden war: „Ende 1993 arbeitete ich in einem schwierigen islamischen Land. Zusammen mit dem iranischen Kirchenführer Pastor Haik Hovsepian bildete ich 200 Pastoren aus. Keine zwei Monate danach wurde er ermordet. Bei einer unserer letzten Begegnungen sagte er mir: ‚Andrew, ich werde nicht schweigen! Wenn sie wollen, dass ich den Mund halte, müssen sie mich umbringen.' Und er machte den Mund auf – für Pastor Mehdi Dibaj, der Ende Januar erhängt werden sollte. Und nach neun Jahren Haft wurde dieser Mehdi Dibaj plötzlich freigelassen. Auf Haiks Beerdigung in Teheran sagte er: ‚Ich hätte sterben sollen und nicht Haik.'

Haik machte den Mund auf – für die iranische Bibelgesellschaft, die vier Jahre zuvor ihre Türen hatte schließen müssen. Haik machte den Mund auf – für all die Kirchen, die die Behörden geschlossen hatten. Er machte den Mund auf, weil alle anderen schwiegen. Und jetzt bin ich derjenige, der reden muss, auf einem Gedenkgottesdienst in London, wo christliche Persönlichkeiten aus der ganzen Welt sich versammelt haben.

Wir gedenken des Todes eines mutigen Christen, der es wagte, die aggressive muslimische Welt mit dem Kreuz Jesu Christi zu konfrontieren – weil er die Kraft der Auferstehung kannte und wusste, dass sie nur im Tod sichtbar wird! ‚Wenn das Weizenkorn nicht in die Erde fällt und stirbt, bleibt es allein.' Dann bringt es keine Frucht.

Mit der gleichen Botschaft des Kreuzes konfrontierte er die schweigende Mehrheit der Christen, die zu sehr mit ihrem eigenen Überleben beschäftigt waren, um sich darüber Gedanken zu machen, wie sie die Welt für Jesus gewinnen könnten.

Lassen Sie mich Ihnen dies sagen: Wir werden nirgends – ob in Moral, Religion oder Familie – eine Verbesserung erleben, wenn wir nicht das Kreuz Jesu nehmen und es fest *inmitten der betreffenden Situation* aufstellen. Dies bedeutet: Wir brauchen Christen, die den Mut haben, mitten in die Konflikte (von denen es mehr als genug gibt) hineinzurufen, dass es eine Lösung gibt: einen königlichen Weg, den Weg des Reiches Gottes.

Wir haben den bekannten Text aus Johannes 3,3 (revidierte Lutherbibel): ‚Es sei denn, dass jemand von Neuem geboren werde, so kann er das Reich Gottes nicht sehen‘, auf eine rein evangelistische Botschaft reduziert, auf den Weg der Erlösung. *Doch das ist nicht die Bedeutung dieses Textes,* sondern: Wenn wir nicht radikal anders werden, werden wir keinen einzigen Ziegelstein zum Bau des Reiches Gottes beitragen.

Haik wusste dies. Er sprach für die, die selbst nicht reden konnten. Die ‚Wolke der Zeugen‘ von Hebräer 12,1 ist durch Haik reicher geworden. In jeder Konfliktsituation müssen wir das Kreuz aufrichten, von dem die Worte kamen: ‚Es ist vollbracht.‘ Und wir müssen auch am Kreuz sterben – damit wir leben können. Sonst wird es kein Leben geben für die nächste Generation. Und darum fordere ich euch auf, so eindringlich, wie ich dies noch nie getan habe, zu beten für die Kirche in der islamischen Welt.

Ich kann es nicht besser ausdrücken als George MacLeod:

Mein Anliegen ist schlicht, dass das Kreuz
wieder in der Mitte des Marktplatzes aufgestellt wird
und nicht nur auf den Kirchtürmen.
Dass die Tatsache wiederentdeckt wird, dass Jesus
nicht in einer Kathedrale zwischen zwei Kerzen
gekreuzigt wurde,
sondern an einem Kreuz zwischen zwei Räubern,
auf dem städtischen Müllplatz,
an einer so internationalen politischen Drehscheibe,

dass sie seinen Titel
auf Hebräisch, Lateinisch und Griechisch schreiben mussten …,
an einem Ort der zynischen Schwätzer,
fluchenden Räuber und würfelnden Soldaten.
Denn dort starb er,
und darum starb er,
und dort sollten Christi Leute sein,
und darum sollte es den Kirchgängern gehen.
(© George MacLeod, Gründer der Kommunität Iona)

Und so lasst uns ausnahmsweise zu Ostern das tun, was man gewöhnlich zu Neujahr macht: Lasst uns einen Vorsatz fassen – uns fest und verbindlich vornehmen, ab jetzt ganz für Christus zu leben. Dann, und nur dann wird es wahr sein, dass für mich Sterben Gewinn ist. Dann kann mir nichts mehr geschehen, dann gehe ich furchtlos in jeden Konflikt hinein, in dem Wissen, dass Gott mich als sein Werkzeug gebraucht. Mein größter Beitrag und mein Segen ist, dass ich da bin.

Religionen mögen im Namen Gottes herrschen, aber sie herrschen nie über einen Mann Gottes."

Bruder Andrew sprach über einen Freund, einen Bruder, ja mehr noch: über einen Mann Gottes, Haik Hovsepian. Dies ist Haiks Geschichte.

Haik wurde am 6. Januar 1945 in Teheran geboren. Er heiratete 1966 und hatte vier Kinder. Er war ein Mitglied der Pfingstkirche und wurde 1967 zunächst der Pastor einer Gemeinde in Majidieh, einem Vorort von Teheran. Kurz danach zog er mit seiner Frau nach Gorgan, einer Stadt, in der das Evangelium unbekannt war, und gründete dort eine Hausgemeinde.

Haik strahlte eine große Liebe zu den Menschen aus, vor allem zu Muslimen. Auf der Straße sprach man ihn immer wieder an, und er hatte Gelegenheiten, auch mit Nichtchristen zu beten. Langsam, aber sicher wuchs seine Gemeinde.

Nach vierzehn Jahren Dienst in Gorgan zog Haik mit seiner Familie nach Teheran zurück, wo er zunächst Leiter der Pfingstgemeinden wurde und später aller evangelischen Gemeinden im Iran. Vor allem seine Reisetätigkeit im ganzen Land verhalf ihm zu großer Beliebtheit. Er sprach nicht oft in großen Kirchen; seine Spezialität waren Besuche in kleinen Gemeinden, um den Christen dort Mut zu machen.

Nach der Islamischen Revolution von 1979 verschlechterte sich die Lage der Christen im Iran. Der Staat zwang die Gemeinden, detaillierte Listen der Mitglieder und Gottesdienstbesucher zu führen. Muslime durften nicht mehr an den Gottesdiensten teilnehmen, und alle Gottesdienste hatten am Sonntag stattzufinden – im Iran ein Werktag (der freie Tag ist der Freitag). Haik stellte sich diesen Maßnahmen mutig entgegen. Er schrieb den Behörden, dass er nicht bereit war, sich so unvernünftigen Regelungen zu beugen.

1984 wurde ein sehr bekannter iranischer Kirchenmann, Mehdi Dibaj, verhaftet. Mehdi war ein Konvertit aus dem Islam und damit in den Augen der islamischen Machthaber im Land ein „Abtrünniger". Doch Mehdi hatte gar nicht erst versucht, seinen neuen Glauben zu verbergen. Obwohl etliche seiner Verwandten prominente muslimische Geistliche waren, hatte Mehdi mit vielen Menschen über Jesus gesprochen. Seit seiner Bekehrung im Jahre 1950 hatte er bei christlichen Radiosendungen in persischer Sprache (Farsi) mitgearbeitet sowie bei der Übersetzung der Bibel, verschiedener Kinderbibeln und evangelistischer Materialien ins Persische.

Zwei Jahre lang war er außerdem Missionar in Afghanistan gewesen, bis er des Landes verwiesen wurde.

Mehdis Inhaftierung war ein schwerer Schlag für seine Familie. Seine Frau kehrte zum Islam zurück. Sie ließ sich (wohl unter dem Druck der Behörden und von Teilen der Verwandtschaft) von Mehdi scheiden und heiratete einen islamischen Fundamentalisten. Mehdis Kinder – Isa, Joseph, Mary und Engel – blieben Jesus treu und brachen den Kontakt zur Mutter ab, die ihren Heiland und ihren Vater so verraten hatte.

Im Gefängnis hatte Mehdi kaum Kontakte zur Außenwelt. Einmal dauerte es zwei Jahre, bis seine Familie aus dem berüchtigten Evin-Gefängnis in Teheran wieder ein Lebenszeichen von ihm bekam. Als sein Sohn siebzehn wurde, durfte Mehdi ihm einen Brief schreiben. Es war ein Brief mit prophetischen Worten: „Alles Gute zum Geburtstag! Ich wünsche Dir den ganzen Segen und die Verheißungen Gottes! In diesen Tagen gibt es so vieles zu feiern: den Tag der Revolution, den Geburtstag meines lieben Sohnes, meinen eigenen 43. Geburtstag, den Anfang des achten Jahres der Prüfung meines Glaubens an unseren Herrn Jesus Christus und immer neue Siege. Mein Herz ist voller Freude und Lob!

Ich danke meinem Gott, der mich liebt, so sehr, dass er mich für würdig befunden hat, sieben Jahre hier festgehalten zu werden für meine Liebe zu dem Herrn Jesus Christus und für meinen Glauben an ihn. Und ich danke meinen Brüdern und Schwestern in Christus, die mich mit ihren Gebeten und ihrer Liebe gestärkt haben, sodass der Sieg unserem Herrn gehört.

Der Sieg ist dein, auferstandener Jesus,
Sohn des Schöpfers, unser Erlöser.

Weihnachten 1985 fragte einer der Wärter im Gefängnis Babol mich: ‚Weiß Jesus Christus, dass es sogar hier jemanden gibt, der ihn liebt?' Ich sagte ihm, dass unser Herr Jesus Christus Millionen Menschen in aller Welt hat, die ihn lieben und bereit sind, ihr Leben für ihn zu geben. Und dass es mein größter Wunsch ist, auch einer von ihnen zu werden! Ich möchte Dir nicht verhehlen, dass ich immer schon neidisch gewesen bin auf die Christen, die im Laufe der Geschichte für unseren Herrn Jesus gefoltert wurden, weil es für einen Christen ein Verlust ist, diese Welt durch einen natürlichen Tod zu verlassen. Was für ein Vorrecht ist es doch, für unseren Herrn leben zu dürfen – und für ihn zu sterben!

Ich bin nicht nur bereit, für den Namen unserer Herrn Jesus Christus im Gefängnis zu bleiben, sondern auch, mein Leben in seinem Dienst hinzugeben. Weil für mich das Leben eine Gelegenheit ist, Christus zu dienen, und der Tod eine noch bessere Gelegenheit, bei ihm zu sein! Jesus Christus selbst hat gesagt: ‚Wer mir nachfolgen will, darf nicht mehr sich selbst in den Mittelpunkt stellen, sondern muss sein Kreuz auf sich nehmen und mir nachfolgen. Wer sich an sein Leben klammert, der wird es verlieren. Wer aber sein Leben für mich einsetzt, der wird es für immer gewinnen. Denn was gewinnt ein Mensch, wenn ihm die ganze Welt zufällt, er selbst aber dabei Schaden nimmt? Er kann sein Leben ja nicht wieder zurückkaufen!' (Matthäus 16,24–26)

‚Ich lasse dich nicht im Stich, nie wende ich mich von dir ab' (aus Hebräer 13,5). Es ist der Wunsch jedes Vaters und jedes Kindes, zusammenzuhalten. Genauso will auch Gott, dass wir zu ihm halten, also ihm gehorchen.

Im Park lässt das Kind die Hand des Vaters los und springt und rennt fröhlich herum. Es hört gar nicht, wie der Vater

ruft: ‚Komm, Junge, wir müssen gehen!' Aber an einer beleb-
ten Straße, auf der die Autos vorbeisausen, wird derselbe Junge die Hand des Vaters nicht loslassen. Nein, er bleibt ganz
nah bei ihm, als ob die beiden zusammengebunden wären!

In der Geschichte von Daniels Freunden im Feuerofen
zeigt Gott uns eine wichtige Wahrheit: Wenn wir ganz nah
bei Jesus, dem Sohn Gottes, sein wollen, müssen wir ins Feuer hinein, denn das ist der sicherste Ort für uns! Unsere So-
cken werden nicht versengt werden, ja unsere Kleider werden
nicht einmal nach Rauch riechen!

Ich preise Gott, dass all diese sieben Jahre lang der Herr
Jesus meine Kraft gewesen ist, sodass ich nicht nur mitten im
Feuer ganz nah bei ihm bin, sondern sogar Schritte nach vor-
ne machen kann!

Er führt mich durch Wasser und Feuer,
er führt mich auf dem Weg des Kreuzes.

Es kann so viel Verkehr auf der Straße sein, dazu vielleicht
noch ein heftiger Wind, dass das Kind Angst hat, die Straße
zu überqueren. Dann bittet es seinen Vater: ‚Papa, trag mich!
Papa, trag mich!' So ist es auch mit Gott. Manchmal wird der
Druck so groß, dass wir fast nicht mehr weitergehen können.
Was muss ein Christ tun in solch einem Sturm? Kann er auf
Gottes Hilfe zählen? Der Herr sagt: ‚Wenn du keinen Ausweg
mehr siehst, dann rufe mich zu Hilfe! Ich will dich retten,
und du sollst mich preisen' (Psalm 50,15).

Was für eine Freude ist es für ein Kind, wenn es hoch auf
den starken Schultern seines Vaters sitzen und von diesem
Ausguck herunterschauen kann auf das Getriebe der Welt. Es
fühlt sich glücklich und in Frieden, wie ein satter Säugling,

der in den Armen seines Vaters liegt und schläft! Unten auf der Erde werden Schlangen, Skorpione, Hunde und Wölfe zertreten unter den starken Schritten seines Vaters, und wenn es Angst hat, klammert es sich noch fester an ihn, dessen ‚Hirtenstab‘ ihm Mut macht.

Es ist wunderbar, mit Gott zu leben! Je dunkler die Nacht, desto näher der Morgen. Je dunkler die Wolken, desto reichlicher der Leben spendende Regen. Je schmaler der Weg, desto größer Gottes grenzenlose Hilfe. Je größer der Schmerz, desto größer der Trost Gottes. Wie hoch die Wellen des Meeres auch sein mögen, sie können den Frieden in der Tiefe nicht stören. Wie heftig der Sturm auch tobt, er kann den Berg nicht erschüttern. Die auf Gott vertrauen, sind wie solche Berge, die nichts erschüttern kann.

In Liebe wartete Jakob sieben Jahre, bis er Rahel heiraten konnte. Er liebte sie so sehr, dass sieben Jahre harter Arbeit und Entbehrungen ihm wie ein paar Tage vorkamen!

Und Du, mein Sohn und Geliebter des Herrn, geschieht es Dir manchmal, dass Du die ganze Nacht weinst, aber überfließt vor Freude, wenn der Tag dämmert? Bald, sehr bald werden wir die Frucht unserer Arbeit in diesem Leben sehen. Dann werden wir satt und voller Freude sein. Dies ist unsere Hoffnung, die selige Hoffnung, dass Christus wiederkommen und uns zur Quelle des Lebens führen wird. Dann wird er mich ganz an seiner Hand führen und ich werde mit ihm gehen, jeden Tag …

Ein Christ wurde einmal gefragt: ‚Was machst du, wenn Bedrückung und Entbehrung kommen?‘ Er erwiderte: ‚Ich werde die Schwierigkeiten freudig begrüßen, wie man einen guten Freund begrüßt, weil ich mich danach sehne, dass Christus mir Kraft für alles gibt.‘“

Kein Jahr, nachdem Mehdi diesen Brief geschrieben hatte, verurteilte der Richter ihn zum Tod. Das Urteil konnte jeden Augenblick vollstreckt werden. Einmal mehr bestand die Gefahr, dass die iranische Kirche einen wichtigen Repräsentanten verlor. Vor nicht allzu langer Zeit war in einem der zahlreichen iranischen Gefängnisse Pastor Hossein Soodmand hingerichtet worden. Er hinterließ seine blinde Frau und vier Kinder.

Mehdi mochte inneren Frieden bei dem Gedanken haben, bald vor seinen Herrn zu treten, doch Haik sah das anders. Als Leiter der evangelischen Kirchen im Iran und als Mehdis Bruder und Freund konnte er über dieser Nachricht nicht einfach zur Tagesordnung übergehen. Und so protestierte er öffentlich gegen die geplante Hinrichtung. Durch einen Gefängnismitarbeiter kam Haik an ein Exemplar des Urteils. Dies war ein wichtiges Beweisstück und er schrieb einen Brief an die Regierungschefs mehrerer Länder.

„Haik, weißt du, was du da machst?", fragte ihn ein Freund.

Haik wusste es sehr wohl. Er hatte eine Kettenreaktion angestoßen, die nicht mehr gestoppt werden konnte und die ihn wahrscheinlich das Leben kosten würde.

Der Freund ließ nicht locker. „Haik, denk doch an deine Familie. Du hast vier Kinder."

„Mehdi hat auch vier Kinder", entgegnete Haik und damit war das Gespräch beendet. Haik war bereit, zu sterben – zu sterben, weil er den Mund aufmachte. Und so machte er das Martyrium der iranischen Kirche in aller Welt bekannt. Plötzlich standen Mehdi und Haik im Rampenlicht.

Haiks Bemühungen führten rasch zu Ergebnissen. Ein internationaler Sturm des Protests erhob sich, der das iranische Regime erheblich unter Druck setzte. Es hatte keine andere

Wahl, als Mehdi freizulassen. Am 17. Januar 1994 konnte er das Gefängnis verlassen. In einer Kirche hielt man einen Dankgottesdienst ab. Als Mehdi hereinkam, brach die Gemeinde in Jubel und Singen aus. Sie sang das Lied *Im Namen Jesu haben wir den Sieg.*

„Es war der beste Empfang, den wir unserem Helden bieten konnten", lächelte Haik. Mehdi berichtete, dass der Richter ihn milde behandelt hatte. „Selbst Richter machen manchmal Fehler in ihren Urteilen", hatte der Richter gesagt. Mehdi brauchte keine Kaution zu zahlen, hatte aber dem Gericht für weitere Ermittlungen zur Verfügung zu stehen, denn es gab bereits neue Beschuldigungen gegen ihn: Spionage für den Westen und beleidigende Äußerungen über den früheren Ayatollah Khomeini.

„Gute Nacht, Papa"

Der Jubel war jedoch nicht von langer Dauer, berichtet Gilbert Hovsepian, einer von Haiks Söhnen. „Ich erinnere mich noch, wie ich am 19. Januar (zwei Tage nach Mehdis Freilassung) abends schlafen ging. Mein Vater war zu Hause, und ich sagte: ‚Gute Nacht, Papa.' Er antwortete: ‚Schlaf gut, Junge.' Es war das letzte Mal, dass ich ihn sah."

Früh am nächsten Morgen verließ Haik das Haus. Er sollte nie zurückkehren. Niemand sah oder hörte etwas von ihm. „Es waren schreckliche Tage", sagte Haiks Frau Takoosh. „Etwas war passiert, das war klar. Aber was? Wir wussten es nicht. Jedes Mal, wenn ich im Haus ein Geräusch hörte, dachte ich, es wäre Haik, der hereinkam."

Nach zwölf Tagen quälender Ungewissheit erhielt Joseph, der älteste Sohn von Haik und Takoosh, einen Anruf von der

Polizei. „Ich musste aufs Polizeirevier gehen, weil ich ‚der Mann im Haus' war. Frauen zählen in unserem Land nicht. Ich hoffte, dass die Beamten mir sagen würden, wo mein Vater war, aber gleichzeitig hatte ich Angst, sie würden mir sagen, dass er tot war. Meine Beine waren wie Blei, als ich hinging."

Im Polizeirevier zeigte man Joseph einen Aktenordner mit Fotos, die schrecklich verstümmelte Leichen zeigten. Er blätterte die Fotos durch, und jedes Mal konnte er sagen: „Nein, das ist nicht mein Vater." Erleichtert klappte er den Ordner zu. Er hatte kein Bild von seinem Vater gesehen. Es gab also noch Hoffnung.

„Warten Sie. Bevor Sie gehen, müssen wir Ihnen noch ein Foto zeigen", sagte der Beamte und legte das Foto auf den Tisch. Es zeigte die nackte, blutverschmierte, bis zur Unkenntlichkeit zugerichtete Leiche eines Mannes. Anfangs erkannte Joseph nur die Augen. „Es waren die Augen, die mich mein Leben lang so liebevoll angeschaut hatten."

Auf dem Nachhauseweg konnte Joseph nur an eines denken: Wie soll ich den anderen beibringen, dass unser Vater nie mehr nach Hause kommen würde?

Am meisten Sorgen machte er sich um seinen zehnjährigen Bruder André. Würde er begreifen, dass er keinen Vater mehr hatte?

Doch André begriff es sofort. Er erzählte später: „Als Joseph hereinkam, sagte er kein Wort, aber an seinem Gesicht sahen wir, dass wir Papa verloren hatten. Wir konnten ihn noch nicht einmal anständig beerdigen; er lag bereits auf einem islamischen Friedhof."

Die Gemeinde protestierte gegen das islamische Begräbnis. Dank des Tipps eines Friedhofsbediensteten fand sie heraus, wo Haik begraben lag, und erwirkte die Erlaubnis, den Leichnam zu exhumieren und anderswo beizusetzen. Erst jetzt sahen die Christen, wie furchtbar die Täter Haik zugerichtet hatten. Der Leichnam zeigte allein zwölf tiefe Stichwunden, die zum Teil bis ans Herz reichten. Ein Freund von Haik drückte es so aus: „Haik hat sein Herz zwei Mal gegeben: das erste Mal, als er zum Glauben kam und sein Leben Jesus Christus übergab, und das zweite Mal, als er starb."

Viele Menschen aus dem ganzen Land, ja aus dem Ausland kamen zum Gedenkgottesdienst, darunter auch Muslime. Alle waren geschockt von Haiks Tod, der einerseits vorhersehbar gewesen war, andererseits aber doch so plötzlich und unerwartet passierte.

Unter den vielen Trauernden war auch Mehdi Dibaj. Man reichte ihm das Mikrofon. Natürlich, er sollte etwas sagen – aber was? Keine zwei Wochen zuvor war die Freude so groß gewesen. Statt, wie er es erwartet hatte, irgendwo im Iran an einem Galgen gehenkt zu werden, hatte er seine Familie und Freunde wieder in die Arme schließen dürfen und gemeinsam mit ihnen einen Dankgottesdienst gefeiert. Er hatte sich schon für tot gehalten und war ins Leben zurückgekehrt. Und jetzt war der Mann, der sein eigenes Leben für ihn riskiert hatte, nicht mehr da.

„Haik ist an meiner Stelle gestorben"

Mit erstickender Stimme presste Mehdi die Worte hervor: „Als Jesus am Kreuz hing, gab es in der ganzen Welt nur einen, der wusste, dass Jesus an seiner Stelle starb, und das war Barabbas. Und wenn es jetzt einen in der Welt gibt, der weiß, dass Haik an seiner Stelle gestorben ist, dann bin ich das."

Auch in England gab es einen Gedenkgottesdienst. In diesem Gottesdienst sprach Bruder Andrew, der Gründer von Open Doors. „Erneut ist ein Weizenkorn in den Boden gefallen und gestorben. So muss es sein, das hatte Haik erkannt. Ein Samenkorn kann nur dann aufgehen, wenn es zuvor gestorben ist."

Bruder Andrews Worte waren prophetisch. Die iranischen Christen waren noch nie so eins gewesen wie nach Haiks Tod. Der brutale Mord markierte einen Wendepunkt in der Geschichte der iranischen Kirche. Das Leben teilte sich jetzt in die Zeit vor Haiks Tod und die Zeit danach.

Vielleicht die Erste, die das erkannte, was Haiks Frau Takoosh. Plötzlich bekam sie viel Post, vor allem von Christen mit muslimischem Hintergrund. Sie dankten Gott für Haik und für das, was er ihnen bedeutet hatte, und sie schrieben: „Lasst euch nicht unterkriegen, macht euch keine Sorgen um uns. Wir sind bereit zu sterben!"

Takoosh erhielt auch Tausende von Briefen und Karten aus dem Ausland. Sie merkte: Sie war nicht allein. Haiks Witwe kämpfte mit sich und mit Gott. „Ich bin dankbar für das, was Gott mir nach dem Tod meines Mannes gezeigt hat. Ich fühlte mich, als ob ich über Nacht aus dem geistlichen Kindergarten auf die Universität des christlichen Glaubens gewechselt war. Gott forderte mich auf, den Mördern zu vergeben, aber das konnte ich nicht, ja ich wollte es nicht."

Aber sie wollte Gott doch gehorsam sein! Und so hörte sie auf das, was er ihr sagte. „Ich musste ständig den nächsten Schritt gehen. Als Erstes musste ich Schluss machen mit meiner Wut. Ich betete viel dafür, und schließlich ging eine Tür auf und die Wut war weg. Dann sagte Gott, dass ich den Mördern vergeben musste. Das war Schwerstarbeit für mich!

Inzwischen *wollte* ich ihnen sogar vergeben, aber ich konnte es nicht. Ich sagte Gott das, und langsam veränderte er mein Herz. Irgendwann erreichte ich schließlich den Punkt, an dem ich ehrlich sagen konnte, dass ich den Mördern meines Mannes vergeben habe."

Die Briefe und Karten halfen ihr bei diesem Prozess. „Jede Karte nahm mir ein Stück des Schmerzes weg. Aber ich bin immer noch nicht fertig mit dem Vergeben. Es gibt Tage, an denen ich Haik so vermisse, dass die Wut wieder hochkommt, und dann muss ich bewusst die Entscheidung treffen, den Mördern zu vergeben."

Die Christen im Iran hatten nicht erwartet, dass die Kirche nach dem Mord an Haik so wachsen würde. Takoosh erzählt: „Ich dachte erst: Jetzt kommt keiner mehr. Aber das Gegenteil geschah. Kurz nach dem Tod meines Mannes kam eine Reihe von Muslimen auf wunderbare Weise zum Glauben an Jesus. Dabei spielten Träume eine wichtige Rolle."

Takooshs Sohn André nennt ein Beispiel. „Da war ein Muslim, der noch nie von Jesus gehört hatte. Dann sah er in einem Traum einen Mann, der zu ihm kam und neben ihm herging. Es war mein Vater. Als die beiden so miteinander eine Straße entlangschritten, kamen sie zu einem breiten, verlockend aussehenden Tor und daneben einem kleinen, unansehnlichen, schmalen. Der Mann trat durch das breite Tor, mein Vater durch das schmale. Als der Muslim meinen Vater fragte, warum er nicht auch durch das schöne Tor gegangen war, erklärte mein Vater ihm, dass das schmale Tor besser ist, weil dort Jesus ist. Kurz nach diesem Traum sah der Mann auf dem Friedhof das Foto meines Vaters. Das war für ihn der endgültige Anstoß, sich Jesus zuzuwenden."

Auch für Haiks Kinder war es schwer. Gilbert war siebzehn gewesen, als er seinem Vater das letzte Mal eine gute Nacht gewünscht hatte. Seine Trauer war groß. Eines Tages sollte er den Gottesdienst auf dem Klavier begleiten. Als er vor dem Gottesdienst übte, kam ein Mädchen in einem weißen Kleid zu ihm. Es schien nicht älter als vielleicht zehn Jahre zu sein. Es fragte: „Gilbert, hast du einen Vater?"

Er sah das Mädchen traurig an. „Hast du das noch nicht gehört? Ich habe keinen Vater mehr."

Das Mädchen ging. Doch ein paar Minuten später war es wieder da. „Gilbert", fragte es nochmals, „hast du einen Vater?"

Er schüttelte den Kopf. „Ich habe keinen Vater."

Wieder ging das Mädchen, kam aber gleich darauf zurück und stellte sich neben Gilbert. „Gilbert, hast du einen Vater?"

Gilbert war nahe daran, die Fassung zu verlieren. Was bildete das Mädchen sich ein? Wie viel Dummheit brauchte man, um ihm dieselbe Frage drei Mal zu stellen? „Ich habe keinen Vater!", zischte er.

Das Mädchen sah ihn ruhig an. „Gilbert, du hast einen Vater." Mit diesen Worten drehte es sich um und ging davon.

Während des Gottesdienstes suchte Gilbert den Raum nach dem Mädchen ab, doch er fand es nicht. Takoosh berichtet: „Wir haben es nie wieder gesehen. Wir sind sicher, dass dieses Mädchen ein Engel Gottes war. Gott wollte uns zeigen, dass er selbst unser Vater ist und für uns sorgt. Er tat das, als Haik noch lebte, und er tat es weiter, als Haik gestorben war. Das war eine wunderbare Ermutigung für uns als Familie."

Die ersten sechs Monate nach Haiks Tod vergingen ohne besondere Vorkommnisse, aber in der Gemeinde war man nach seiner Ermordung auf alles gefasst. Wer würde das nächste Opfer sein?

Es war Mehdi. Das Regime wollte ihn nicht noch einmal vor Gericht stellen, aber man war fest entschlossen, den vor aller Welt erlittenen Gesichtsverlust zu rächen. Und das bedeutete, dass auch Mehdi sterben musste.

Er starb nicht am Galgen, sondern ähnlich wie Haik, wahrscheinlich durch Mörder, die ihn mit Messern angriffen. Fühlte er sich einsam, als dies geschah? Was ging ihm durch den Kopf? Wir wissen es nicht. Wir wissen nur, was er sagte, bevor er entführt und umgebracht wurde: „Wenn wir als junge Männer mit unseren Verlobten zusammen waren, war es nicht wichtig, wo wir waren, sondern dass wir zusammen waren. Das Gleiche gilt für unseren Herrn. Er hat uns versprochen: ‚Ich bin bei euch bis ans Ende der Welt.' Die beste Zeit meines Lebens war das Gefängnis, weil mir Jesus dort so nah war. Wenn der Herr bei mir ist, ist das Gefängnis der Himmel und das Paradies. Ich hatte im Gefängnis keinerlei Verpflichtungen und konnte Tag und Nacht Gottes Wort lesen. Wenn ich nachts wach wurde, kniete ich mich unter den Decken hin. Was für eine wunderbare Gemeinschaft hatte ich dann mit Gott und was für wunderbare Offenbarungen seiner Geheimnisse. Und so danke ich Gott für alles, was ich erlebt habe. Paradies – das ist da, wo der Herr bei uns ist."

Der erste Märtyrer der Kirche, Stephanus, hatte die Gegenwart von Jesus nie so stark erlebt wie in dem Augenblick seiner Steinigung. In diesem Moment durfte er sogar einen

Blick auf Jesus werfen, der zur Rechten Gottes stand. Ich bin überzeugt, dass dies bei Haik und Mehdi auch so war – dass der Herr bei ihnen war, trotz aller körperlichen Schmerzen. Um es mit Haiks Worten auszudrücken: Sie gingen einfach „von einem Zimmer ins nächste weiter".

Die mutige Kirche

Der Tod von Soodmand, Haik und Mehdi sowie später der Pastoren Tateos Mikaelian und Mohammad Bagher Yusefi bewirkte, dass die Kirche im Iran beständig an Mut gewann. Einige Jahre nach diesen Todesfällen konnten Mitarbeiter von Open Doors mit Bruder Hakim, einem iranischen Evangelisten, sprechen.

Hakim wurde regelmäßig von der Polizei verhört, doch das focht ihn nicht an. „Was könnt ihr uns denn antun?", sagte er in einem der Verhöre. „Ihr könnt erstens unsere Versammlungsgebäude konfiszieren. Aber die wirkliche Kirche ist kein Gebäude. Die Leitung unserer Kirche hat bereits beschlossen, weniger in Gebäude zu investieren. Wenn ihr unsere Gemeindehäuser beschlagnahmen wollt, bitte sehr! Die wirkliche Kirche wird auch ohne Gebäude weiter bestehen.

Ihr könnt uns zweitens verhaften und ins Gefängnis stecken. Aber ihr wisst ja schon, wie kontraproduktiv das ist. Dass Mehdi Dibaj inhaftiert und zum Tod verurteilt wurde, hat die iranische Kirche weltweit bekannt gemacht. Wie Mehdi selbst einmal sagte: ‚Ein Christ ist wie ein Gummiball. Je fester man ihn schlägt, umso höher springt er.' Genauso war es auch bei ihm.

Und drittens könnt ihr uns töten. Mit fünf unserer Brüder

habt ihr das bereits gemacht, doch ihr Tod hat die Gemeinde wachsen lassen wie nie zuvor. Die Aussicht, vielleicht als Märtyrer sterben zu müssen, schreckt mich nicht!"

Hakim ist nur einer von vielen Christen im Iran, die Gott bis zur Aufopferung ihres Lebens dienen. Aber nach wie vor werden jedes Jahr viele Christen verhaftet und für kürzere oder längere Zeit ins Gefängnis gesperrt, wo sie körperlich und psychisch gefoltert werden. Doch in einem sind das Regime und die Gefängniswärter machtlos: Sie können nicht verhindern, dass Gott in diesen Gefängnissen ist; immer wieder taucht er dort auf und zeigt seine Macht.

Da war zum Beispiel eine Gefangene (wir nennen sie hier Amira), die monatelang, tagein, tagaus zu hören bekam, dass die Welt sie vergessen hatte und dass sie ganz allein sterben würde – bis sie es schließlich selbst glaubte. Und da war eine andere iranische Christin, die gerade in einem anderen Land an einem Bibelkurs teilnahm und bereits ein Flugticket nach England gebucht hatte. Hamideh wollte dem Iran für immer den Rücken kehren und in England Asyl beantragen. Aber in diesem Bibelkurs ging ihr die Bibel plötzlich ganz neu auf. Sie kam zu der Überzeugung, dass sie nicht flüchten durfte, sondern zurück in ihr Land gehen musste, um Gott dort zu dienen. Sie zerriss das Ticket nach England und kehrte in den Iran zurück.

Nicht lange danach wurde Hamideh während eines Gottesdienstes verhaftet. Sie verstand die Welt nicht mehr. Hatte Gott sie zurückgerufen, damit sie ins Gefängnis kam? Hatte sie nicht extra darüber gebetet, ob sie in diesen Gottesdienst gehen sollte oder nicht? Gott wollte doch, dass sie mit anderen Christen zusammen war, so viel war ihr klar.

Erst im Gefängnis erkannte Hamideh, warum Gott das

„zugelassen hatte". Die Wärter steckten sie aus Versehen in eine Zelle mit Amira. Hamideh erkannte sie sofort; wie oft hatten sie in den Gemeinden für sie gebetet ... Vorsichtig sprach sie Amira an und sagte ihr, wie unermüdlich ihre Brüder und Schwestern im Glauben im Gebet für sie eintraten.

„Wirklich?", fragte Amira zutiefst überrascht. „Und ich hatte gedacht, dass mich alle vergessen hätten! Lob sei Gott, dass er dich zu mir geschickt hat."

Es war eine wunderbare Begegnung. Dort im Gefängnis lernten Amira und Hamideh, dass alle Wände und eisernen Gitter der Welt Gott nicht aufhalten können. Hamideh wurde bald wieder entlassen, während Amira neue Kraft zum Durchhalten bekam. Wie Haik, Mehdi und viele andere lernten diese Frauen, ihre Hoffnung auf Christus zu setzen.

Auch die Verwandten von Haik, Mehdi und den anderen Märtyrern haben dies gelernt, obwohl sie ihre Angehörigen deswegen nicht weniger vermissen. Aber sie wissen, dass es ein Wiedersehen mit ihren Lieben geben wird.

Gilbert drückt es so aus: „Die letzten Worte, die ich zu meinem Vater sagte, waren: ‚Gute Nacht, Papa.‘ Und wenn ich ihn wiedersehe, werden meine ersten Worte sein: ‚Guten Morgen, Papa.‘"

Die Bibel im Leben von Mehdi und Haik

1. In dem Gedenkgottesdienst für Haik in England sagte Bruder Andrew, dass das Weizenkorn zuerst sterben muss, bevor es Frucht tragen kann. Dabei zitierte er Jesus (Johannes 12,24). Bruder Andrew erkannte, dass Haik mehr als einmal sein Leben für Christus gab. Jesus selbst erklärt ja in Johannes 12,25, dass wir nicht an unserem Leben festhalten und uns selbst in den Mittelpunkt stellen dürfen, sondern stattdessen unser Leben Gott hingeben sollen. Haik, Mehdi und die anderen Pastoren, die starben, waren sich sehr wohl bewusst, welches Risiko sie eingingen. Anders ausgedrückt: Sie kannten den Preis eines Gott gehorsamen Lebens. In Johannes 12,26 fährt Jesus fort: „Wer mir dienen will, der soll mir folgen. Denn wo ich bin, soll er auch sein. Und wer mir dient, den wird mein Vater ehren." Kein Zweifel: Wenn wir unser Leben hingeben (ob nun wörtlich oder im übertragenen Sinne – Haik und Mehdi taten beides), ist Jesus da. Er geht nicht hinter uns her, sondern wir folgen ihm nach. Deswegen konnten Haik und Mehdi voller Zuversicht den Mund aufmachen.

2. In Johannes 15,13 sagt Jesus: „Niemand liebt mehr als einer, der sein Leben für die Freunde hingibt." Haik opferte sein Leben für Mehdi. Es hätte auch andersherum sein können. Aber eigentlich gaben die beiden ihr Leben für einen anderen Freund, denn in Johannes 15,14 fährt Jesus fort: „Und ihr seid meine Freunde, wenn ihr tut, was ich euch aufgetragen habe." Haik und Mehdi ging es im tiefsten Herzen darum, ihrem Herrn zu gehorchen. Ihnen war bewusst, dass im Vergleich zu dem Opfer, das Christus für sie gebracht hatte, ihre eigenen Opfer nicht wirklich ins Ge-

wicht fielen. Was nicht bedeutet, dass sie nicht zu leiden hatten. Im Gegenteil – und dies gilt vielleicht noch mehr für die Angehörigen, die sie zurückließen. Doch beide kannten sie Jesus als treuen Freund, der ihre Lieben nicht im Stich lassen würde.

3. „Wenn du ins Feuer gerätst, bleibst du unversehrt. Keine Flamme wird dich verbrennen" (aus Jesaja 43,2). Die prophetischen Schriften in der Bibel sind oft schwere Kost für uns. Doch gerade in ihnen lässt Gott uns einen Blick in sein Herz tun und zeigt seine Liebe zu den Menschen. In Jesaja 43 nennt er sein Volk mit Namen: „Aber jetzt sagt der Herr, der euch geschaffen hat, ihr Nachkommen Jakobs, der euch zu seinem Volk gemacht hat: ‚Hab keine Angst, Israel, denn ich habe dich erlöst! Ich habe dich bei deinem Namen gerufen, du gehörst zu mir. Wenn du durch tiefes Wasser oder reißende Ströme gehen musst – ich bin bei dir, du wirst nicht ertrinken. Und wenn du ins Feuer gerätst, bleibst du unversehrt. Keine Flamme wird dich verbrennen. Denn ich, der Herr, bin dein Gott, der heilige Gott Israels" (Jesaja 43,1–3). Gott spricht hier nicht nur zu Israel, sondern zu allen, die zu ihm gehören. Darum konnten Haik und Mehdi mit großer Zuversicht sagen: Das Feuer ist der sicherste Ort für uns. Warum? Weil der, der vom Feuer umgeben ist, seine Rettung nur noch von oben erwarten kann. In solch einer Situation wird alles, was im Leben nicht wirklich wichtig ist, bedeutungslos. Gott verspricht uns, dass er da sein wird und dass das Feuer uns nicht verzehren wird.

Zum Nachdenken

Wenn Sie jeden Tag neu Ihr Leben Gott zur Verfügung stellen würden, wie wäre das? Was für Auswirkungen hätte das auf Sie und auf die Menschen in Ihrer Umgebung?

Was Sie tun können

Haiks Söhne haben einen Dokumentarfilm über den Tod ihres Vaters gedreht. Die DVD mit dem Titel *Hilferuf aus dem Iran* ist sehr empfehlenswert. Sie kann Ihnen helfen, besser mit den verfolgten Christen mitzufühlen.

Der Dieb kommt, um zu stehlen, zu schlachten und zu vernichten. Ich aber bringe Leben – und dies im Überfluss.

Jesus Christus (Johannes 10,10)

5

Achmed: Schwierige Entscheidungen

Ägypten

Das Leben besteht aus lauter Entscheidungen. Einige sind lebensverändernd, andere weniger wichtig. Auch verfolgte Christen müssen jeden Tag Entscheidungen treffen, aber die Folgen können sehr weitreichend sein. „Was hätte ich an seiner/ihrer Stelle getan?" Das frage ich mich oft, vor allem wenn es um einen Menschen geht, dessen Geschichte noch nicht „fertig" ist und der noch mitten in der Verfolgung steckt.

Wie bei Achmed aus Ägypten. Er musste viele Entscheidungen treffen, bei denen oft nicht klar ersichtlich ist, ob sie „richtig" oder „falsch" waren. Stellen Sie sich vor, Sie wären selbst ein ägyptischer Christ muslimischer Herkunft wie Achmed. Wie würden Sie sich in den folgenden Situationen entscheiden?

Sie möchten gerne mehr über Jesus erfahren, aber trauen sich nicht, offen über ihn zu reden. Was machen Sie? Lesen Sie die Bibel heimlich oder gehen Sie am Sonntagmorgen heimlich in ein anderes Dorf, um dort an einem Gottesdienst teilzunehmen?

Sie beschließen, Ihrer Frau oder Ihrem Mann zu sagen, dass Sie Christ geworden sind. Sie/er reagiert empört und geht sofort zum Imam. Was tun Sie? Tauchen Sie bei einem guten Freund unter, weil Sie merken, dass Sie in Lebensgefahr sind, oder warten Sie ab, wie die Dinge sich entwickeln?

Ihre Frau bleibt Ihnen treu, aber sie reagiert allergisch, wenn es um Ihren neuen Glauben geht. Doch nach einigen Monaten wird sie allmählich neugierig. Was machen Sie? Erklären Sie ihr das Evangelium oder bezweifeln Sie, dass sie es ernst meint, und halten sich bedeckt?

Vor diesen und anderen Entscheidungen stand Achmed. Die Imame vor Ort luden ihn zu einem klärenden Gespräch ein. War das eine Falle oder eine Gelegenheit, das Evangelium weiterzugeben? Die Drohungen wurden immer zahlreicher und heftiger. Sollte er weiter Salz und Licht sein oder fliehen?

Die Bibel ist kein Handbuch, das uns für jede Situation eine Patentlösung nennt. Manche Christen fliehen unter dem Druck der Verfolgung, andere bleiben. Ist das eine „richtig" und das andere „falsch"? Kommen Sie mit mir in Achmeds Welt, um zu sehen, wie er mit diesen und anderen Dingen umging.

Ein Christ im Haus

„Papa, warum hast du diesen Christen ins Haus gelassen?" Der neunjährige Achmed zeigte auf den Schreiner, der eine Wand reparierte. Er konnte nicht verstehen, warum sein Vater so etwas Wichtiges von einem Christen erledigen ließ. In der Schule hatte er viel über die Christen gehört. Ihr Buch war voller Fehler. Sie standen klar unter den Muslimen. Und jetzt ließ sein Vater „so einen" ins Haus? Gut, der Mann war höflich und nett, fast schon liebenswürdig. Aber eben ein Christ und damit ein Unreiner, ein Feind des Islams, jemand, der völlig zu Recht als Mensch zweiter Klasse galt.

Achmeds Vater seufzte und sah seinen Sohn an. „Der Schreiner ist ein gläubiger und guter Mann."

Achmed wusste: Jetzt hielt er besser den Mund. Wenn sein Vater den Schreiner nett fand, konnte er ihn ja wohl auch nett finden. Also gut, ab jetzt würde er alle Christen hassen, bis auf diesen Schreiner. Aber … eigentlich war das nicht richtig.

Seine ganze Kindheit hindurch tobte ein Kampf in Achmeds Brust. Er wollte nichts lieber, als ein guter Muslim sein. Dass er da einen Christen mochte – war das nicht ein Zeichen der Schwäche? Er musste sich mehr in die Wahrheit vertiefen! Und so begann er mit dreizehn Jahren, den ganzen Koran (der etwas länger ist als das Neue Testament) auswendig zu lernen.

Aber den inneren Frieden, den er so suchte, fand er in dem heiligen Buch der Muslime nicht. Und irgendwie faszinierte ihn der christliche Glaube, er konnte es nicht verhindern. Eine bohrende Frage beunruhigte ihn: Wer war Allah?

Achmed ging schließlich zu den Imamen und trug ihnen seine Fragen vor, aber sie schickten ihn fort, weil er zu jung war. Diese schwierigen Dinge seien nichts für Kinder, hieß es.

Also blieb nur *eine* Person, an die Achmed sich wenden konnte: Allah selbst. Er betete zu ihm, aber Allah antwortete nicht.

Achmed wurde ein immer fanatischerer Muslim. Vielleicht würde er seine Fragen beantwortet bekommen, wenn er sich richtig für Allah anstrengte – zum Beispiel Christen zum Islam bekehrte oder aus lauwarmen Muslimen bessere Muslime machte. Mit achtzehn Jahren trat er der Muslimbruderschaft bei, die damals eine Untergrundbewegung war. Er begann, kreuz und quer durchs Land zu reisen, um muslimische Geistliche für die Bruderschaft anzuwerben. Es dauerte nicht lange, und die Führer der Bruderschaft entdeckten Achmeds

Eifer und Talent. Er durfte Imam werden und eine Koranschule für Kinder gründen.

Da er diese Arbeit ehrenamtlich machte, hatte Achmed eine Anstellung als Lehrer an einer anderen Schule. Einer der dortigen Kollegen war Christ – ein stiller, unauffälliger Mann, der aber von den anderen gnadenlos gemobbt wurde. „Du kommst in die Hölle!", sagten sie immer wieder zu ihm.

Achmed spürte zwei Seelen in seiner Brust. Einerseits fühlte er sich verpflichtet, gegen Christen vorzugehen, andererseits fand er dieses Mobbing unerträglich. Schließlich sprach er mit den muslimischen Lehrern an seiner Schule und sagte: „So etwas darf ein Muslim nicht sagen! Der heilige Koran verbietet uns, andere zu richten. Ob jemand ins Paradies kommt oder in die Hölle, das liegt allein bei Allah!"

Die muslimischen Kollegen, die Achmeds heftige Reaktion sichtlich traf, gingen betreten davon. Der christliche Kollege bedankte sich bei Achmed.

Achmed erwiderte: „Ist schon gut. Aber wie schaffst du das, jeden Tag dieses Mobbing auszuhalten? Warum wirst du nicht einfach Muslim? Dann wäre das Problem doch gelöst."

Der Mann lächelte. „Das kann ich nicht."

„Warum nicht?"

„In der Bibel steht: ‚Was nützt es einem Menschen, wenn er die ganze Welt gewinnt, aber seine Seele verliert?'"

Ein Christ, der eine Antwort parat hatte? Das war neu. War dieser Mann vielleicht mutig genug, Achmed mehr über seinen Glauben zu erzählen? Achmed überlegte, unschlüssig, dann fragte er: „Wie meinst du das?"

„Ich kann dir das gerne erklären, aber dazu bräuchte ich etwas Zeit."

„Ich habe Zeit."

„Gut, dann lass uns nach draußen gehen."

Achmed folgte dem Kollegen zu einem ruhigen Plätzchen und die beiden setzten sich. In den nächsten Stunden erklärte der Mann Achmed, wer Jesus war, warum er in die Welt gekommen war und was er für Menschen wie Achmed getan hatte.

„Das würde ich gerne selbst mal lesen", meinte Achmed schließlich.

„Dann komm eben mit mir nach Hause", antwortete sein Kollege. Sie gingen zu seiner Wohnung, wo er Achmed eine Bibel schenkte. Noch am gleichen Abend fing Achmed an, das Matthäusevangelium zu lesen. Er brauchte die Bibel noch nicht einmal vor seiner Frau zu verstecken, da sie Analphabetin war.

Gottes Worte im ersten Buch des Neuen Testaments sprachen ihn sofort an. Wann hatte er das letzte Mal einen so tiefen Frieden gespürt? Er konnte sich nicht erinnern. Vor allem die Geschichte mit dem römischen Hauptmann, der glaubte, dass Jesus selbst aus der Ferne heilen konnte, bewegte ihn tief. So ein Glaube, so ein Vertrauen – ja, das hatte er gesucht!

Heimlich zum Gottesdienst

Ein Jahr verging. Über seinen christlichen Kollegen hatte Achmed mehrere andere Christen kennengelernt. Er hatte einen Fernbibelkurs begonnen und ging sonntags zur Kirche – natürlich in einem anderen Dorf, wo ihn keiner kannte. Bis auf einige wenige Christen wusste niemand von seinem Interesse am christlichen Glauben. Noch nicht einmal seine Frau; es war ein Segen, dass sie nicht lesen konnte und somit nicht merkte, dass er die Bibel studierte und nicht den Koran.

In Achmeds Herz tobte ein Kampf zwischen dem Allah, den er nach wie vor freitags als Imam predigte, und dem Christengott, von dem er sonntags in der Kirche hörte. Er war immer noch nicht überzeugt, dass der Christengott der wahre Gott war. Wie konnte er den Knoten endlich auflösen?

Dann luden ihn Freunde zu einer christlichen Konferenz ein. Er nahm die Einladung an. Als er in der Kirche ankam, wo die Konferenz stattfand, setzte er sich ganz hinten hin und schaute vorsichtig in die Runde. Nein, keine bekannten Gesichter. Gut.

Der Pastor ging den Mittelgang entlang nach vorne und alle erhoben sich. Der Pastor drehte sich um und sagte: „Willkommen, geliebte Kinder Gottes."

Was der Pastor an dem Abend sonst sagte, rauschte an Achmed vorbei. Diese paar Worte hatten voll ins Schwarze getroffen. Ein Gott, der liebte? Gab es das? Er war sich nicht sicher, ob er die Botschaft von einem liebenden Gott schon einmal gehört hatte oder nicht; wenn ja, dann erreichte sie ihn jetzt zum ersten Mal.

Am Ende dieses Tages fuhr Achmed in sein Dorf zurück, immer noch voll von ehrfürchtigem Staunen über einen liebenden Gott. Es ließ sich nicht mehr leugnen: Christus hatte an die Tür seines Herzens geklopft und Achmed hatte sie geöffnet. Eigentlich nur aus Neugierde. Und jetzt spürte er die Liebe seines himmlischen Vaters. Es war ein überwältigendes Erlebnis, noch stärker, als sich in eine Frau zu verlieben. Der Gott, der Himmel und Erde erschaffen hatte, vom kleinsten Einzeller zum größten Wal – dieser Gott kannte Achmed persönlich!

Ja, mehr noch: Den Allah, der nur der strenge Richter war und an den Achmed die ganze Zeit geglaubt hatte, gab es nicht. Stattdessen gab es einen Gott, der Achmed liebte – so sehr liebte, dass er seinen Sohn geschickt hatte, um für Achmed zu sterben, ja für jeden, der an ihn glaubte.

Das konnte Achmed nicht für sich behalten! Zu Hause angekommen, ging er schnurstracks zu seiner Frau Hafsah und erzählte ihr von seiner neuen Liebe: Jesus Christus.

Sie reagierte nicht so, wie er es erwartet hatte. Sie war immer eine gute Ehefrau gewesen, respektvoll und nur selten ungehorsam; wenn sie einmal nicht das tat, was Achmed wollte, genügte gewöhnlich eine Ohrfeige, um sie zur Räson zu bringen. Aber jetzt reagierte sie gar nicht unterwürfig. Ihre Augen weiteten sich vor Schreck. Sie versuchte, sich an ihm vorbei zur Tür zu schieben. „Wo willst du hin?", fragte er.

„Zum Imam. Du bist verrückt geworden!"

Achmeds Gedanken rasten. Am Ende jedes Gedankens standen ein Fragezeichen und ein Ausrufezeichen. Hatte er Gott missverstanden? Warum reagierte Hafsah nicht geduldiger? Was sollte er machen? Wenn sie ihn jetzt beim Imam verriet, würde morgen das ganze Dorf wissen, dass Imam Achmed Christ geworden war.

Ein ganzes Jahr lang hatte er sein Interesse am christlichen Glauben geheim gehalten. Was jetzt? Sollte er flüchten? Aber er war verheiratet und liebte seine Frau und seine Kinder. Wie konnte er sie im Stich lassen? Das würde Jesus bestimmt nicht gutheißen. Aber was sollte er dann machen? Einfach abwarten?

Da ging schon die Tür auf und ein Amtsbruder kam herein. „Stimmt das, was ich da höre, Bruder Achmed? Hafsah hat mir erzählt, dass du auf einmal komische Sachen glaubst."

„Ich bin Christ geworden", erwiderte Achmed.

Sechs Monate waren vergangen. Dem Gespräch mit dem Imam waren noch viele weitere Gespräche gefolgt. Alle wollten sie Achmed zum Islam zurückholen. Aber das war halb so schlimm; Achmed konnte auf alle Argumente für den Islam mühelos antworten. Seine Stellung als Imam hatte er natürlich verloren, ebenso seine Mitgliedschaft in der Muslimbruderschaft.

Die „Brüder" waren nicht gerade erbaut, dass einer der Ihren abtrünnig geworden war. „Warum machst du nicht eine Pilgerfahrt nach Mekka, damit Allah dir deine Schuld vergibt?", fragten sie. „Wir zahlen auch alles."

Achmed war zu klug, um das Angebot anzunehmen. Er wusste, dass die Bruderschaft viele Kontakte in Saudi-Arabien hatte. Die Religionspolizei dort würde wissen, was sie mit einem Muslim zu machen hatte, der nach eigenen Angaben Christ geworden war …

Der Druck vom Dorf und von der Moschee war nicht das Schwerste für Achmed. Abends nach Hause zu kommen war schwerer. Hafsah schien ihren Respekt vor ihm gänzlich verloren zu haben. Manchmal schrie sie ihn sogar an. Anfangs tat sie es mit Angst in den Augen – der Angst, geschlagen zu werden. Aber Achmed schlug seine Frau nicht mehr, diese Zeiten waren vorbei. Und um zu beweisen, dass er anders geworden war, begann er sogar, bei der Hausarbeit zu helfen. Auch das Zusammensein mit seinen Kindern bereitete ihm jetzt viel mehr Freude als früher.

In letzter Zeit schien sogar Hafsah weicher zu werden. Eines Tages trat sie zu ihm und sagte: „Du bist in der letzten Zeit so anders."

„Findest du das?", fragte Achmed.

„Ja. Ich bin so froh, dass du mich nicht mehr schlägst. Warum machst du das nicht mehr?"

„In der Bibel steht, dass ein Mann und eine Frau, die heiraten, ein Fleisch werden. Wenn ich dich schlage, schlage ich mich also selbst. Warum sollte ich so etwas machen?"

Hafsah setzte sich und begann, Achmed Fragen über den christlichen Glauben zu stellen. Er beantwortete sie ruhig, geduldig und so, dass sie es verstehen konnte. Zum ersten Mal schien sie sich ernsthaft für Jesus zu interessieren.

Es wurde ein langer Abend. Zum Schluss fragte er Hafsah: „Möchtest du auch Jesus Christus folgen?" Sie nickte. Achmed war überglücklich. Monatelang war es Schwerarbeit für ihn gewesen, nach Hause zu kommen, in dem Wissen, dass Hafsah ihm im nächsten Moment das Leben schwer machen würde. Endlich war es damit vorbei.

Doch während Achmed und seine Frau beschlossen, in Zukunft gemeinsam Jesus nachzufolgen, heckten die islamischen Leiter vor Ort neue Pläne aus, um Achmed zurückzugewinnen.

„Ich habe keine Kraft in mir selbst"

An diesem Punkt steht Achmed, als ich ihm zum ersten Mal begegne. Als er das Gebäude betritt, wo ich auf ihn warte, schwankt er mehr, als dass er geht – eine Folge der Kinderlähmung, an der er als Kind litt. Ich bin in Kairo, um Christen für unsere Kampagne „Gefährlicher Glaube" zu befragen, in der es besonders um Christen muslimischer Herkunft geht (vor allem um solche, die ihren Glauben an Jesus geheim halten müssen).

Seit er untertauchen musste, ist Achmed ein heimlicher Christ. Dabei ist das Interview nicht der Hauptgrund seines Kommens. Er sucht vor allem einen Zufluchtsort, Arbeit und eine andere Schule für seine Kinder. Es ist jetzt ein halbes Jahr her, dass seine Frau zum Glauben an Jesus kam. Der Druck ist seitdem nur noch stärker geworden. Wie hält Achmed das aus? „Ich habe keine Kraft in mir selbst. Das ist von A bis Z Gottes Werk. Wenn die Leute in meinem Dorf mich anschreien, schweige ich; ich glaube, das ist der richtige Weg für mich."

Licht und Salz

Die Geduld der Leute in Achmeds Dorf gegenüber „diesen Christen" in ihrer Mitte ist erschöpft. „Sie wollen, dass ich in die Moschee gehe, damit sie an einem unreinen Muslim ein Exempel statuieren können. Ich soll öffentlich meinem Glauben an Jesus Christus absagen."

In die Moschee gehen. Wäre das eine Gelegenheit, das Evangelium weiterzugeben, oder eine Falle?

„Eine Falle", sagt Achmed, „was sonst? Aber es hat schon etwas Verlockendes. Wenn ich einfach zum Islam zurückkehre, sind alle meine Probleme gelöst. Als Muslim habe ich ein gutes und einfaches Leben. Aber was zählt das, wenn ich dafür die Wahrheit leugnen muss?"

Nein, lieber gibt Achmed sämtliche Sicherheiten auf. „Ich habe mich geweigert. Jetzt drohen die Extremisten damit, mir meine Frau und meine Kinder wegzunehmen. Wir müssen das Dorf verlassen. Aber wie stelle ich sicher, dass sie uns nicht aufspüren?"

Open Doors hat Achmed und seiner Familie Hilfe beim

Umzug in eine große Stadt angeboten. Aber allein mit dem Umzug ist es nicht getan; es gibt ein großes Problem: „Wenn ich meine Kinder auf eine andere Schule schicke, fordert die neue Schule die Unterlagen aus der alten Schule an. Die alte Schule weiß damit genau, in welche neue Schule meine Kinder gehen, was es natürlich sehr einfach macht, uns zu finden."

Achmed schaut auf seine Uhr. Er muss zurück zu seiner Familie, zurück in sein Dorf. „Bitte die Christen im Westen, für uns zu beten. Die Extremisten wollen mich umbringen. Sie kennen nur die Sprache des Blutes. Sie werden nicht lockerlassen. Ich habe nur einen Wunsch für dieses Leben: dass meine Familie und ich an einem Ort wohnen können, wo wir in Sicherheit sind. Bitte bete, dass Gott hier eine Lösung schenkt."

Ein paar Monate nach meiner Rückkehr in die Niederlande bitte ich meine Kollegen, Achmed zu kontaktieren und zu fragen, wie es ihm geht. Lebt er jetzt in einer großen Stadt? Die Antwort, die Achmed uns schickt, ist ebenso kurz wie überraschend: „Ich habe beschlossen zu bleiben, als Licht und Salz für mein Dorf."

„Ich gehe freitags wieder in die Moschee"

Ein Jahr nach meinem ersten Treffen mit Achmed komme ich wieder nach Ägypten. Achmed steht auf meiner Wunschliste für Gespräche natürlich ganz oben. Und er kann auch kommen; er ist sogar in Kairo.

Wie beim ersten Mal macht er einen recht nervösen Eindruck. Er schaltet sein Handy ab und nimmt sogar die Batterie heraus. „Es ist uns passiert, dass Gespräche abgehört wurden, obwohl wir alle unsere Handys ausgeschaltet hatten. Offenbar kann der Geheimdienst einen auch dann abhören, wenn das Telefon aus ist."

Ich weiß nicht, ob das stimmt, aber gut – wenn es Achmed beruhigt, nehme auch ich die Batterie aus meinem Handy. Zu Beginn erzähle ich ihm, wie sehr man im Westen für ihn gebetet hat. Er schaut verlegen zu Boden, kann aber ein Lächeln nicht unterdrücken. Im weiteren Verlauf unseres Gesprächs nickt und lacht er oft. Geduldig beantwortet er alle meine Fragen. Er will seine Geschichte erzählen.

„Ich suche eine neue Familie", sagt er. Vor mir sitzt ein anderer Achmed. Der Achmed vom letzten Jahr war angespannt und frustriert. Er suchte gerade in Kairo eine Schule für seine Kinder – eine christliche Schule, die niemandem verraten würde, dass er aus seinem Dorf geflüchtet war. Alles schien klar zu sein – bis er beschloss, nicht zu fliehen.

Warum bist du dann doch in deinem Dorf geblieben?

„Ich wollte dort Salz und Licht sein und dem Herrn dienen. Ein weiterer Grund war, dass ich in Kairo auch nicht wirklich sicher gewesen wäre. Die Fundamentalisten in meinem Dorf hätten einfach ihre Freunde in Kairo angerufen und mich suchen lassen. Danach hätten sie uns zurück in unser Dorf geholt, und was dann passiert wäre, daran mag ich nicht denken."

In deinem Dorf weiß jeder, dass du Christ bist. Wie sieht dein Leben aus?

„Ich musste eine schwierige Entscheidung treffen. Ich habe beschlossen, freitags wieder zur Moschee zu gehen und mich äußerlich wie ein Muslim zu verhalten."

Warum?

„Weil wir unter massivem Druck stehen, vor allem von der Familie meiner Frau. Mein Schwager hat meiner Frau gesagt, dass sie wieder eine Muslima werden muss, sonst würden sie mich umbringen und ihr die Kinder wegnehmen. Was für eine Wahl hatte ich? Ich habe mehrere andere Christen um Rat gebeten und sie haben gesagt, es ist in Ordnung, wenn ich wieder in die Moschee gehe. Ich finde das auch, obwohl es mir schwerfällt. Äußerlich bin ich ein Muslim, aber ich bete zum Herrn Jesus. Er ist mein Erlöser und ich folge ihm."

Und wie geht deine Frau damit um?

„Sie weiß sehr wenig über den christlichen Glauben. Sie ist ja Analphabetin. Wenn wir gemeinsam beten, beten wir zu Christus, aber ich benutze dabei islamische Worte, die sie versteht. Wenn eines unserer Kinder krank ist, bittet sie den Herrn Jesus, es gesund zu machen. Aber sie ist verschleiert, wie die anderen Frauen im Dorf, und sie geht zur Moschee."

Und zu wem betet sie dort?

„Zu Jesus Christus. Und wenn sie gesündigt hat, bittet sie ihn um Vergebung."

Zurzeit wohnst du in einem Open Doors-Haus. Warum?

„Ich bin nur die Woche über da. Am Wochenende bin ich zu Hause bei meiner Familie. Die Firma, in der ich arbeite, hat auch eine Zweigstelle in Kairo und ich habe mich dorthin versetzen lassen. So kann ich meiner Familie sagen, dass ich hier in Kairo sein muss. Aber der eigentliche Grund, weshalb ich mich habe versetzen lassen, ist, dass ich auf der Suche nach einer geistlichen Familie bin – nach anderen Christen, die mit mir für das Evangelium kämpfen. Aber es ist sehr schwierig, hier ohne meine Familie zu leben. Und meine Frau und unsere Kinder einfach nachkommen zu lassen, geht nicht; dann würde man im Dorf sofort wissen, dass wir geflüchtet sind."

Und hast du diese geistliche Familie, die du suchst, gefunden?

„Ehrlich gesagt, nein. Viele der Christen, die ich in Kairo kennengelernt habe, sind zu weltlich. Sie scheuen das Risiko. Wenn sie anders wären, würde es in Ägypten anders aussehen. Ich bin wirklich enttäuscht. Nein, nicht von Gott; der Herr ist treu und ich genieße jeden Augenblick mit ihm, auch wenn ich allein bin."

Hast du gläubige Freunde, mit denen du dich austauschen kannst?

„Ja, wir haben uns zu einer kleinen Gruppe zusammengefunden. Das ist ein großer Segen."

Wirst du in Kairo bleiben?

„Nein. Ich werde bald wieder in mein Dorf zurückgehen. Auch in Kairo habe ich nicht die Freiheit, offen als Christ zu leben; da bin ich lieber wieder bei meiner Familie."

Wenn es so schwierig für dich ist, zur Kirche zu gehen, und wenn du keinen Bibelkreis hast, wie schaffst du es dann, die Bibel besser zu verstehen?

„Gott sei Dank verstehe ich die Bibel ganz gut. Aber es stimmt: Ich muss noch viel lernen. Vor allem, weil ich manchmal selbst in Gemeinden predige."

Wie kann ein heimlicher Christ wie du in einer Gemeinde in Ägypten predigen?

„Es ist nicht einfach. Christen, die Freunde von mir kennen, laden mich ein. Ich nehme nur Einladungen in Dörfer an, die weit weg von meinem Dorf liegen und wo man mich nicht kennt. Und ich gehe immer nur einmal hin; wenn sie mich ein zweites Mal einladen, sage ich Nein; die Gefahr, dass die Geheimpolizei mir auf die Spur kommt, ist sonst zu groß."

Und worüber predigst du? Über dein Leben als heimlicher Christ?

„Nein. Ich möchte nicht, dass die Menschen herausfinden können, wer ich bin, wo ich wohne oder wer meine Verwandten sind. Aber dass ich gelegentlich Worte aus dem Islam benutze, zeigt ihnen, dass ich ein ehemaliger Muslim bin. Meistens spreche ich in meinen Predigten über die Rolle des Heiligen Geistes in unserem Leben, nach 1. Korinther 3,1–3: ‚Ich konnte … zu euch nicht wie zu Menschen reden, die sich vom Geist Gottes leiten lassen und im Glauben erwachsen sind. Ihr wart noch wie kleine Kinder … Darum habe ich euch nur Milch und keine feste Nahrung gegeben, denn die hättet ihr gar nicht vertragen. Selbst jetzt vertragt ihr diese Nahrung noch nicht; denn ihr lebt immer noch so, als würdet ihr Christus nicht kennen.‘ Ich möchte, dass die Menschen wirklich zum Glauben kommen, sich mit Leib und Seele dem Evangelium Jesu Christi hingeben, täglich ihr Kreuz auf sich nehmen und Jesus nachfolgen."

Was ist das Schwierigste in deinem Leben?

„Dass ich mich nicht frei bewegen kann. Ich würde so gerne Zeugnis von Christus ablegen, aber ich habe das Gefühl, dass ich angekettet bin. Ich kann nicht das sagen, was ich wirklich denke und fühle, ich kann nicht ich selbst sein."

Wärst du zu größeren Risiken bereit, wenn du nicht verheiratet wärst?

„Ja, natürlich! Ich fühle mich für meine Frau und meine Kinder verantwortlich. Wenn es nur um mich ginge, wäre ich viel offener, aber ich will nicht, dass ihnen etwas zustößt. Meine Kinder wissen gar nicht, dass ihre Eltern Christen sind."

Werden sie islamisch erzogen?

„Ja … Sie gehen auf eine Madrasa, eine Koranschule. Die Familie besteht darauf, vor allem ihr Großvater, mein Schwiegervater. Ich würde ihnen so gerne von Jesus erzählen, aber das geht nicht, sie sind noch zu jung. Wenn ich sie aufklären würde über den wahren Gott und das Opfer, das er für uns gebracht hat, würden sie das sofort weitererzählen, und wir hätten Riesenprobleme. Ich hoffe, dass ich ihnen irgendwann später sagen kann, wer Christus ist."

Dann ist zurzeit das Einzige, was du für sie tun kannst, ihnen ein guter Vater zu sein?

„So ist es, und die Kinder merken das. Seit ich Christ geworden bin, liebe ich sie viel mehr und sie mich auch. Ich muss einfach Geduld haben und warten, bis ich ihnen mehr über den Glauben sagen kann."

Kannst du mit dieser Situation gut leben?

„Nein, eigentlich nicht. Meine Kinder sind meine größte Sorge. Ich bin überzeugt: Wenn sie jetzt sterben würden, würden sie in den Himmel kommen. Aber was ist, wenn sie älter werden? Was, wenn sie dann nicht Christus, sondern doch Allah wählen? Der Gedanke zerreißt mir das Herz."

Wenn du anderen Christen eine Erkenntnis aus deinem Leben weitergeben könntest, was wäre das?

„Dass Christus jedes steinerne Herz durch eines aus Fleisch ersetzen kann. Dafür bin ich ein lebendes Beispiel. Meine Lieblingsworte stehen in Johannes 10,10: ‚Ich bringe Leben – und dies im Überfluss.‘ Es geht um Christus, der uns suchen geht und uns Leben schenkt, und das nicht kärglich, sondern im Überfluss. Wenn er unser Inneres verändert, wird die Frucht in unserem äußeren Leben sichtbar. Die Taten eines einzigen Menschen, die von Tausenden gesehen werden, bewirken mehr als die Worte von Tausenden von Menschen."

Worum können wir für dich beten?

„Betet für meine Kinder, dass sie zum Glauben kommen. Und für meine Frau, dass sie im Glauben bleibt. Ihr Glaube ist noch sehr wacklig. Sie kann nicht die Bibel lesen und kennt keine anderen Frauen, die Christinnen sind. Und bitte betet darum, dass ich ein Zeuge Gottes sein kann – ein offener, nicht ein schweigender."

Ich bete für Achmed. Ich bitte den Schöpfer des Himmels und der Erde, ein Wunder an Achmeds Kindern zu tun, damit sie schon jetzt zum Glauben kommen, ohne das Zutun von Achmed oder anderen. Ich bete darum, dass seine Frau geistlich wächst und frei wird von der lähmenden Angst vor ihren Verwandten. Und ich bitte Gott, Achmed zu gebrauchen und ihm seinen Willen zu zeigen. Ich bete darum, dass Achmeds ganzes Leben ein Wegweiser zu Jesus und zum Kreuz ist.

Achmed erhebt sich und dankt den Christen im Westen überschwänglich für ihre Liebe und Gebete. „Gott ist gut; er sorgt für uns", sagt er.

Als er die Kirche verlässt, steht draußen ein Polizeiauto. „Was soll ich denen sagen, wenn sie meinen Ausweis sehen wollen?", fragt er meinen Übersetzer.

„Dass du beruflich hier warst."

Achmed nickt und geht. Es ist das letzte Mal, dass ich ihn sehe. Eineinhalb Jahre später frage ich meine ägyptischen Kollegen, was er macht. Offenbar hat er Ägypten doch verlassen müssen und wohnt jetzt mit seiner Familie in Europa. Wir haben keinen Kontakt zu ihnen und können nur hoffen, dass es ihnen gut geht.

Viele Christen mit muslimischem Hintergrund betrachten den Westen als Paradies auf Erden. Sie wissen nichts von dem schier endlosen Papierkrieg, der auf sie wartet, wenn sie als Flüchtlinge kommen. Und dass ihre Nachbarn in den Auffanglagern womöglich muslimische Extremisten sind ...

Aber in einem bin ich sicher: Achmed und seine Frau konnten endlich ihren Kindern von Jesus Christus und seinem Opfertod am Kreuz erzählen. Gott hat Achmeds Gebete erhört.

Die Bibel im Leben von Achmed

1. Achmeds Geschichte zeigt uns, dass Gottes Wort die Richtschnur unseres Lebens ist – aber kein Handbuch, das für jede notwendige Entscheidung eine Patentlösung liefert. Manchmal fliehen Christen vor Verfolgung, manchmal bleiben sie. Hier gibt es kein absolutes „Richtig" oder „Falsch". Aber woher können wir dann wissen, was Gottes Wille ist? Indem wir unsere Beziehung zu ihm vertiefen. Je besser wir Gott kennen, desto eher spüren wir, was in einer bestimmten Situation das Richtige ist. Nehmen wir Abraham: In 1. Mose 24 beauftragt er seinen Diener, in Mesopotamien (und nicht in Kanaan, dem Land der Verheißung) eine Frau für seinen Sohn Isaak zu suchen. Hatte Gott Abraham dies geboten? Nein, aber Jahre zuvor hatte er Abraham verheißen, dass einst das ganze Land Kanaan von seinen Nachkommen bewohnt sein würde. Sie würden ein reines Volk sein – und die Kanaaniter waren alles andere als rein. Abraham kannte Gott (Gott hatte persönlich zu ihm gesprochen) und wusste, wie er das in die Praxis umzusetzen hatte.

2. In 1. Mose 37,16 sagt Josef, dass er seine Brüder sucht. Open Doors-Gründer Bruder Andrew betont oft, dass Christen immer die Aufgabe haben, ihre Brüder und Schwestern zu suchen. Von Achmed können wir lernen, dass die verfolgte Kirche sehr kontaktbedürftig ist. Achmed hat seine irdische Verwandtschaft verloren und suchte sein ganzes Christenleben lang nach einer neuen Familie, mit der er nicht durch irdische Blutsbande, sondern durch das Blut Christi verbunden wäre.

3. „Ich bringe Leben – und dies im Überfluss" (aus Johan-

nes 10,10). Allah ist ein ferner Richtergott, kein Vater oder Hirte. Darum überwältigte es Achmed so, dass Gott uns Menschen liebt. In Johannes 10,10 zeigt Jesus uns eine entscheidende Seite seines Wesens. Er ist wie ein guter Hirte, der seine Schafe kennt, und sie kennen ihn. Hier herrscht nicht Distanz, sondern ein enges, persönliches Band. Die Zuhörer verstehen das zuerst nicht und so erklärt Jesus: „Ich aber bringe Leben – und dies im Überfluss." Für Achmed wurde das Leben erst dann wirklich sinnvoll, nachdem er Christus kennengelernt hatte.

Zum Nachdenken

Woran merken Sie, dass Jesus Ihnen Leben, Leben im Überfluss gibt?

Was Sie tun können

Suchen Sie den Kontakt mit Ihren Brüdern und Schwestern aus der verfolgten Kirche. Tun Sie dies, indem Sie für sie beten (zum Beispiel einen Psalm), die Bibel lesen (und dabei entdecken, welche Menschen Gottes leiden mussten), ihnen eine Karte oder einen Brief schicken, vielleicht sogar ihr Land besuchen.

Als Jesus ihren festen Glauben sah, sagte er zu dem Gelähmten: „Mein Sohn, deine Sünden sind dir vergeben!"

Jesus (Markus 2,5)

6

Die Reise zur Vergebung

Yarni, Theresia, Alfita und Noviana (Indonesien)

Es war der 29. Oktober 2005, ein sonniger, warmer Samstagmorgen auf der indonesischen Insel Sulawesi. Noviana, Yarni, Theresia (alle drei fünfzehn Jahre alt) und Alfita (siebzehn) gingen wie üblich zur Schule: Sie nahmen den Weg, der durch den Dschungel führte und freuten sich auf den Tag. Ausgelassen und guter Dinge pflückten sie Blumen, die sie sich ins Haar steckten. Die Mädchen wussten nicht, was ihnen bevorstand. Sie wussten wohl von den Spannungen zwischen den Christen und den Muslimen. In den Jahren 2000 bis 2002 waren viele Christen und Muslime Opfer der Gewaltwellen geworden, und auch jetzt gab es sporadische Fälle, wo Muslime Christen angriffen. In der Stadt Poso, der Heimat der Mädchen, hatte es seit 2002 elf Morde und 33 Bombenanschläge gegeben. Die vier wussten, dass einige muslimische Gruppen versuchten, die Christen zu provozieren und eine neue Welle der Gewalt auszulösen.

Nicht im Traum hätten die vier Mädchen gedacht, dass die Gewalt sie selbst treffen würde. Sie hatten keine Angst vor Muslimen. Die drei träumten vom Heiraten, von eigenen Kindern und überlegten, wo sie dann wohl wohnen würden – irgendwann einmal … Sie waren mit „Mädchensachen" beschäftigt. Das Leben war schön.

Ihr Weg führte sie immer tiefer in den Dschungel hinein.

Sie lachten und neckten sich und ahnten nicht, dass sechs bewaffnete Männer im Gesträuch versteckt auf sie warteten. Noviana blieb ein Stückchen zurück, um eine Blume zu pflücken. Plötzlich hörte sie einen markerschütternden Schrei. Sie richtete sich abrupt wieder auf und sah mehrere Männer, die mit Macheten auf ihre Freundinnen einhackten. Jetzt ging Yarni zu Boden.

Noviana erstarrte, gelähmt vor Angst. Alles geschah so schnell. Dann kamen die Männer in ihre Richtung. Sie drehte sich um, um wegzurennen, aber einer der Angreifer packte sie und schlug sie mit seiner Machete. Ein brennender Schmerz zuckte durch ihre rechte Wange und ihren Hals, sie begann heftig zu bluten. „Jesus, hilf mir!", war ihr einziger Gedanke. Sie riss sich von dem Mann los und rannte fort, ohne zu sehen, wohin. Plötzlich war vor ihr kein Boden mehr und sie fiel in eine kleine Schlucht. Das war ihre Rettung; die Männer verfolgten sie nicht weiter. Benommen von dem Schock rannte sie schließlich zurück nach Poso.

Während Noviana die Flucht gelang, blickten die Mörder auf die Leichen der drei anderen Mädchen hinunter. Dann hackten sie ihnen die Köpfe ab, steckten diese in schwarze Plastiktüten und ließen die Leichen liegen. Einen der Köpfe legten sie vor die Tür einer Kirche, die beiden anderen auf die Straße. An einer der Plastiktüten befestigten sie einen Zettel mit den Worten: „Wir wollen hundert Köpfe."

Binnen Stunden verbreitete sich die Nachricht von den grausamen Morden in der ganzen Stadt. Poso begann sich zu leeren. Die christlichen Bewohner flüchteten, aus Angst, dass dieser Überfall nur der Auftakt zu einer Großoffensive war. Dies erwies sich als falsch, aber eine lähmende Angst hatte die Christen in der Region fest im Griff.

Im Krankenhaus kam Noviana wieder zu sich. Die Ärzte versorgten ihre Wunden. Das Jod brannte. Neben dem Bett saß Nur, Novianas Mutter.

„Leben die anderen noch?", fragte Noviana.

„Sie sind im Krankenhaus in Tenta", erwiderte Nur ausweichend.

Am Tag nach dem Überfall – Noviana war noch im Krankenhaus – mussten Nur und die Eltern der getöteten Mädchen auf das Polizeirevier, wo sie mit Journalisten sprachen. Nur brach in Tränen aus. „Was hat meine Tochter denn getan? Womit hat sie das verdient?"

Auch die Väter von Yarni, Theresia und Alfita waren da, völlig aufgewühlt. „Sie waren immer so fröhlich, aktiv und beliebt. Sie waren gute Schülerinnen." Theresias Vater, Hendrius, betonte, was für eine gute Tochter und Christin sie gewesen war. „Sie ließ keinen Gottesdienst aus. Ich werde nie vergessen, dass sie mir jeden Morgen meinen Kaffee kochte. Jetzt, wo sie tot ist, kann ich nur noch weinen."

„Wie hab ich ihre Stimme geliebt!", sagte Yarnis Vater Markus. „Sie sang im Kirchenchor, so schön. Es ist furchtbar zu wissen, dass ich diese Stimme nie mehr hören werde! Herr im Himmel, bitte nimm sie an deiner Seite an!"

Die Eltern erklärten den Reportern, dass sie keine Rache suchten. Sie wollten einen erneuten Gewaltausbruch verhindern. „Wir sind sicher, dass diese Leute noch mehr Blut in Poso sehen wollen", sagte Novianas Mutter Nur. „Aber wir lassen uns nicht provozieren. Wir fordern die Polizei auf, die Täter zu finden und vor Gericht zu stellen."

Auch die übrigen Verwandten der Opfer erklärten sich sofort bereit, den Mördern zu vergeben. Sie ernteten dafür viel

Kritik in der Stadt, auch bei anderen Christen. Vergebung? Was für einen Grund hatte die Polizei dann noch, die Täter zu fassen und zur Verantwortung zu ziehen?

Doch die Polizei tat auch so ihre Arbeit und konnte einige der Täter ermitteln. Drei Männer erhielten Gefängnisstrafen zwischen zehn und zwanzig Jahren. Doch keine Strafe konnte die drei Mädchen zurück ins Leben holen. Was geschehen war, war geschehen.

Als sie hörte, dass ihre Freundinnen enthauptet worden waren, wollte Noviana nicht mehr leben.

Der Weg zur Vergebung

Der Weg zur Vergebung war nicht einfach. Alfitas Mutter erinnert sich noch gut, wie sie von dem brutalen Mord an ihrer Tochter hörte. „Als ich hörte, dass meine Tochter und ihre Freundinnen ermordet worden waren, brach ich in Tränen aus. Ich schrie zu Gott: ‚Warum? Warum musste mein Mädchen sein Leben so grausam verlieren? Es war doch noch so jung …‘

Meine Tochter auf diese Weise zu verlieren, war fast mehr, als ich tragen konnte. Ich konnte nur eines tun: Gott um seinen Frieden bitten, jenen Frieden, den man nicht erklären kann und den man bekommt, wenn man auf ihn vertraut. Ich bekam diesen Frieden auf der Beerdigung. So furchtbar Alfitas Ende auch gewesen war – jetzt wusste ich sie sicher im Himmel, geborgen in Gottes Armen. Ein sehr großer Trost war mir der Gedanke, dass meine Tochter und ich einmal wieder zusammen sein werden, bei Jesus. Als ich diesen Frieden bekam, konnte ich den Mördern vergeben."

Aber den Menschen vergeben, die das eigene Kind umgebracht haben – ist das nicht unmöglich? „Viele Menschen fragen mich das", antwortet Alfitas Mutter. „Sie sagen: ‚Wenn das mir passiert wäre, ich hätte mich gerächt.' Solche Gedanken habe ich auch gehabt. Meine Gefühle sagten mir: ‚Schlag zurück!' Aber in der Bibel steht etwas anderes. Diesen Mördern vergeben – das konnte ich nur durch Gottes Wort. Die Bibel sagt, dass wir vergeben müssen, ja mehr noch: dass wir die lieben müssen, die uns hassen."

Der Zorn von Alfitas Mutter war groß. „Aber Gottes Friede und Liebe waren stärker. Ich kann es akzeptieren, dass Gottes Wille für meine Tochter vollkommen ist. Darum habe ich auf ‚mein gutes Recht' verzichtet, mich zu rächen."

Yarnis Mutter war am Boden zerstört, als sie hörte, wie ihre Tochter ums Leben gekommen war. „Ich bat Gott, mir Kraft zu geben; ich hätte sonst nicht weiterleben können. Was habe ich geweint, als ich ihre Leiche sah. Ich habe mich auf sie fallen lassen und ausgerufen: ‚Yarni, mein Mädchen, warum hast du mich verlassen? Warum hast du deine Mutter verlassen?' Und ich bat Gott immer wieder, mir Kraft zu geben, weil das alles zu viel für mich war."

Heute geht es ihr um einiges besser. „Weil so viele Menschen für mich gebetet haben. Manchmal muss ich daran denken, wie Jesus am Kreuz hing. Er sah die Menschen, die ihn daran genagelt hatten, und betete für sie: ‚Vater, vergib ihnen, denn sie wissen nicht, was sie tun.' Dieser Bibelvers hat mir sehr geholfen. Wenn mein Herr denen vergeben konnte, die ihn kreuzigten, kann ich auch den Männern vergeben, die meine Tochter ermordet haben. Ich möchte Jesus so ähnlich sein wie möglich."

Trotz mehrerer Operationen ist die Narbe an Novianas Wange und Hals immer noch sichtbar. Sie reicht fast von ihrer Nase bis zur Schulter. Doch die inneren Wunden gehen noch viel tiefer und werden ebenfalls nie ganz verschwinden.

Als eine Mitarbeiterin von Open Doors sie besucht, ist sie bereit, ihr die Stelle zu zeigen, wo der Überfall geschah. Dies ist ein wichtiger Schritt auf dem Weg zur inneren Verarbeitung des Traumas. Sie zeigt der Mitarbeiterin den Weg, den sie und ihre Freundinnen an jenem Morgen nahmen, aus welcher Richtung die Männer kamen und wo ihre Freundinnen starben.

„Die ganzen Erinnerungen kommen wieder", sagt sie. „Wie ich mich mit meinen Freundinnen unterhalten und gelacht habe, aber auch die Bilder von dem Überfall."

Eine andere Mitarbeiterin von Open Doors fragt sie: „Die einen in deinem Dorf haben den Tätern vergeben, die anderen nicht. Wie siehst du das?"

„Ich kann die Leute, die nicht vergeben wollen, gut verstehen. Es ist wahnsinnig schwer. Aber der Herr Jesus hat uns gelehrt, den Menschen, die uns Böses tun, zu vergeben. Auch wenn diese Männer mich umbringen wollten, muss ich ihnen vergeben. Ich muss hier an Matthäus 5,44 denken: ‚Ich sage aber: Liebt eure Feinde und betet für alle, die euch verfolgen.'"

Verspürt sie noch Wut auf die Täter?

Noviana überlegt und runzelt die Stirn. „Ja, manchmal schon. Aber es hilft, wenn ich für sie bete. Ich bete darum, dass sie ihr Herz für Gott öffnen und Buße tun, sodass sie nie mehr jemanden umbringen."

Und die Zukunft? Wie wird sie einmal ihren Kindern ihre Narbe erklären? „Ich werde ihnen die Wahrheit sagen, aber noch mehr werde ich betonen, wie groß und stark Gottes Gnade in meinem Leben ist."

Nach dem Gespräch begibt Noviana sich zu einem schönen Fleckchen in der Nähe von Poso, wo sie ausruhen, nachdenken und Gemeinschaft mit Gott haben kann. Sie redet über das Vergeben, als ob es etwas Einfaches wäre („Man muss seinen Feinden vergeben; so steht es in der Bibel"), wie ein Schalter, den man umlegen kann. Aber sie hat eine lange Reise hinter sich. Noviana und die Verwandten der Opfer wissen mehr als jeder andere, dass man diese Reise nicht allein machen kann. Jesus Christus geht mit ihnen und wo der Weg zu schwer wird, trägt er sie.

1. „Mein Sohn, deine Sünden sind dir vergeben!", sagt Jesus in Markus 2,5 zu dem Gelähmten, als er den Glauben dieses Mannes und seiner Freunde sieht. Wenn wir glauben, das heißt, wenn wir unser Leben ganz in Gottes Hand legen, vergibt Gott uns unsere Sünden. Das Wissen, dass wir selbst Sünder sind, die Vergebung brauchen, ist die Grundlage dafür, dass wir anderen Menschen vergeben. Wir sind vielleicht keine Mörder, aber damit sind wir vor Gott noch lange nicht gerecht. In Epheser 2,1 (revidierte Lutherbibel) heißt es sogar: „Auch ihr war tot durch eure Übertretungen und Sünden." Solange wir nicht im Glauben an Christi Tod und Auferstehung teilhaben, haben wir keine Rechtfertigung und keine Vergebung. Indem sie so schnell bereit waren, den Mördern zu vergeben, haben Noviana und die Verwandten der Opfer in Wort und Tat demonstriert, dass sie selbst Menschen sind, denen Gott vergeben hat. Weil sie wissen, dass Gott ihnen vergeben hat, konnten sie den Mördern vergeben. „Liebet eure Feinde" – dies ist ein Gebot, also etwas, das wir tun müssen.

2. Aber es nicht immer einfach, die Gebote der Bibel zu befolgen. Wie wir aus den verschiedenen Geschichten in diesem Buch sehen, ist der Weg zur Vergebung oft steinig. Heißt dies, dass wir ihn besser nicht gehen sollten? Natürlich nicht. Jesus ruft uns eindeutig auf, durch das enge Tor zu gehen, weil nur dieses zum Leben führt (Matthäus 7,13–14). Takoosh Hovsepian erklärt es so: Vergebung beginnt mit der Entscheidung, zu vergeben, und danach bitten wir Gott, den Rest zu tun und unser Herz so zu verwandeln,

dass wir wirklich vergeben können. Dieser Prozess hat im Leben von Noviana begonnen.

3. Es gibt noch eine andere Quelle, aus der Noviana und die Angehörigen der ermordeten Mädchen die Kraft zum Vergeben schöpfen. Es ist Gottes Zusage in Römer 8,35–39: „Was also könnte uns von Christus und seiner Liebe trennen? Leiden und Angst vielleicht? Verfolgung? Hunger? Armut? Gefahr oder gewaltsamer Tod? Man geht wirklich mit uns um, wie es schon in der Heiligen Schrift beschrieben wird: ‚Weil wir zu dir, Herr, gehören, werden wir überall verfolgt und getötet – wie Schafe werden wir geschlachtet!‘ Aber dennoch: Mitten im Leiden triumphieren wir über alles durch die Verbindung mit Christus, der uns so geliebt hat. Denn ich bin ganz sicher: Weder Tod noch Leben, weder Engel noch Dämonen, weder Gegenwärtiges noch Zukünftiges, noch irgendwelche Gewalten, weder Hohes noch Tiefes noch sonst irgendetwas können uns von der Liebe Gottes trennen, die er uns in Jesus Christus, unserem Herrn, schenkt."

Zum Nachdenken

Gibt es Menschen, denen Sie vergeben müssen? Warum?

Was Sie tun können

Sind Sie Schüler oder Studentin? Vielleicht berichten Sie einmal mit einem Referat über verfolgte Christen oder schreiben einen Beitrag über die verfolgte Kirche und was wir von ihr lernen können.

Die Schwierigkeiten bedrängen uns von allen Seiten, und doch werden wir nicht von ihnen überwältigt. Wir sind oft ratlos, aber nie verzweifelt. Von Menschen werden wir verfolgt, aber bei Gott finden wir Zuflucht. Wir werden zu Boden geschlagen, aber wir kommen dabei nicht um. Tagtäglich erfahren wir am eigenen Leib etwas vom Sterben, das Jesus durchlitten hat. So wird an uns auch etwas vom Leben des auferstandenen Jesus sichtbar. Paulus (2. Korinther 4,8–10)

7

Aaina: Wenn ich auf Jesus sehe, gehe ich nicht unter

Naher Osten

Es begann am Bücherschrank der Familie. Die fünfzehnjährige Aaina durchsuchte die Regale nach Lesefutter. Ihre Finger glitten die Buchrücken entlang. Plötzlich – es war wie in einem Abenteuerbuch für Kinder – entdeckte sie in der zweiten Reihe, versteckt hinter den anderen Büchern, zwei relativ dicke Bände, die sie noch nie gesehen hatte. Sie nahm sie in die Hand und schaute auf die Titel. Es waren das Alte und das Neue Testament! Verbotene Bücher in einem gut muslimischen Haus!

Aaina war sofort im Bilde. Am besten stellte sie sie gleich wieder zurück. Aber sie war zu neugierig. Aaina wusste, von wem die Bücher handelten. Von Jesus. Sie hatte schon häufiger von ihm gehört. Als sie sechs Jahre alt war, hatte sie viel mit einem christlichen Mädchen gespielt. Bei diesem Mädchen zu Hause gab es ein schön illustriertes Buch über die Geburt von Jesus. Ihre Freundin hatte es zum Geburtstag bekommen. Aaina hatte das Buch heimlich in die Hand genommen, ihre Finger über die Seiten gleiten lassen und sich die Bilder angesehen. Josef, Maria und das Jesuskind. Von diesem Augenblick an liebte sie dieses Kind. Und den Mann, zu dem es herangewachsen war. Sie wusste selbst nicht, warum. Es war einfach da, dieses Gefühl.

Und natürlich war sie „Isa" (der arabische Name für Jesus) auch im Koran begegnet. Jedes Mal, wenn sie von ihm las, spürte sie diese Liebe zu ihm. Und jetzt hielt sie die Bücher der Christen in den Händen!

Sie überflog ein paar Seiten. Die Botschaft, dass Jesus sie liebte, ging ihr tief ins Herz. Aber sie verstand rein gar nichts vom Evangelium. Wie konnte Gott einen Sohn haben? Und warum hatte er ihn sterben lassen?

Aaina nahm die beiden Bücher mit auf ihr Zimmer und versteckte sie dort. In den folgenden Wochen und Monaten las sie regelmäßig in der Bibel. Aber sie wusste: Wenn dies wirklich Gottes Wort war, genügte es nicht, es nur zu lesen. Sie musste Jesus besser kennenlernen. Aber wie sollte sie das anfangen? Sie musste die Bibel verstehen – aber wie?

In ihrem arabischen Heimatland war die einzige christliche Kirche, die nach außen hin sichtbar war, die traditionelle orthodoxe Kirche. Dort gingen die Christen hin, um sich ihren Glauben erklären zu lassen, und da musste Aaina auch hin! Aber würde der Priester es wagen mit ihr zu reden? In ihrem Land war es Christen ja verboten, mit Muslimen über ihren Glauben zu reden. Was, wenn der Mann sie fortschickte? Oder wenn ein Bekannter sie sah?

Aaina beschloss, ihren ganzen Mut zusammenzunehmen und in diese Kirche zu gehen. Damit tat sie, ohne es zu wissen, das Gleiche wie so viele „Untergrundchristen" auf der ganzen Welt: Sie besuchte heimlich einen Gottesdienst.

Ich bin in einer Kirche irgendwo im Nahen Osten, um für unsere Gebetskampagne „Gefährlicher Glaube" (mehr dazu oben im Kapitel über Achmed) Christen mit muslimischem Hintergrund zu befragen. Meine Kontaktperson stellt mir Aaina vor, eine zierliche arabische Frau mit schwarzen Locken und ängstlichen Augen. „Sind Sie bereit, sich interviewen zu lassen?", frage ich sie.

Aaina sieht mich schüchtern an. Was sie wohl gerade über diesen Mann aus dem Westen denkt? Sie weiß, dass ich gekommen bin, um einen Artikel über sie zu schreiben und andere Christen zum Gebet für sie aufzurufen. Ich versichere ihr, dass ich sämtliche Angaben, die es bösen Menschen ermöglichen würden, ihre Identität herauszufinden, auslassen werde. Sie schüttelt den Kopf. „Darüber muss ich erst beten. Ich bin in zehn Minuten wieder da."

Es werden zwanzig Minuten, bis sie in das kleine Büro zurückkommt. „Gut, ich bin bereit. Aber ich komme aus einer bekannten Familie, die mich sucht. Sie dürfen keine Details über sie nennen und auch nicht erwähnen, aus welchem Land ich komme."

Ich verspreche ihr, dass ich mich daran halten werde. Aaina beginnt, mir von ihrer Kindheit in einer angesehenen muslimischen Familie zu erzählen. Ihre Eltern waren keine sehr strengen Muslime: Sie brauchte weder fünfmal am Tag zu beten noch regelmäßig in die Moschee zu gehen.

Das Gespräch ist schwierig. Aaina hat immer noch Angst zu reden. Erst als sie mir erzählt, wie sie mit sechs Jahren anfing, Jesus zu „entdecken", beginnen ihre Augen zu leuchten. Doch das Leuchten erlischt schnell wieder, als sie berichtet, wie ihre

Eltern anfingen, Verdacht zu schöpfen. „Ich weiß nicht, wie es dazu kam, aber irgendwie merkte meine Familie, dass ich mich etwas zu sehr für den christlichen Glauben interessierte."

Sie schaut zu Boden, während sie an die schmerzlichen Erinnerungen denkt. „Meine ganze Familie war gegen mich, vor allem meine Mutter. ‚Du bist eine Muslima', sagte sie. ‚Warum willst du dein Leben wegwerfen? Warum kannst du nicht wie andere Mädchen sein? Bald kommst du auf die Universität und danach heiratest du einen angesehenen Muslim!'" Aainas Stimme wird leiser, einen Augenblick schweigt sie. Dann fährt sie fort: „Ich habe viel gelitten. Aber ich habe weiter heimlich die Bibel gelesen. Der Herr Jesus hat mich immer näher zu sich gezogen."

„Wir haben einen guten Mann für dich gefunden"

Die Gemeinde, die Aaina heimlich besuchte, nahm sie herzlich auf. Aber Aaina konnte ihren Glauben natürlich nicht öffentlich bekennen. Die Universität bot ihr neue Möglichkeiten. Sie bezog eine Studentenwohnung in einer anderen Stadt; endlich war sie nicht mehr unter den wachsamen Augen ihrer Eltern. Sie hatte den Eindruck, dass sie immer noch auf der Suche nach der Wahrheit war (sie betete zum Beispiel mehr zu Maria als zu Jesus). Aber jetzt hatte sie endlich die Freiheit, sich umzuschauen und zu informieren.

Es gab nur ein Problem. Sie hatte erfahren, dass sie eine Zimmernachbarin haben würde, die Maryam hieß – dem Namen nach eine Muslima. Doch Aainas Enttäuschung währte nicht lange, denn Maryam war ebenfalls eine heimliche Christin!

Die beiden wurden bald die besten Freundinnen. Maryam nahm Aaina in eine evangelische Kirche mit. Hier stand im Gottesdienst Jesus Christus klar im Mittelpunkt. Aaina mochte den Gottesdienst sehr, doch anschließend ging sie, sobald sie konnte, wieder in die orthodoxe Kirche, um zu beichten, dass sie in einem evangelischen Gottesdienst gewesen war.

Eines Tages war sie wieder einmal zu Hause bei ihren Eltern, um ihren Geburtstag zu feiern. Als sie allein in ihrem alten Zimmer saß, fühlte sie sich plötzlich völlig verzweifelt. Sie begann zu beten und rief zu Jesus: „Welchen Weg soll ich gehen? Ich will doch auf deinen Wegen gehen! Ich brauche dich, ich liebe dich! Ich bin bereit, für dich zu sterben!"

Da fiel plötzlich eine unsichtbare Zentnerlast von Aainas Schultern. Die Verzweiflung verschwand, und an ihrer Stelle kam eine tiefe Wärme und Freude. Das musste sie sofort jemandem sagen, und da kam nur eine infrage. Sie nahm rasch ihr Handy und wählte Maryams Nummer. „Maryam! Maryam! Jetzt bin ich auch wie du!", rief sie.

„Wie meinst du das?", fragte Maryam.

„Ich habe zu Jesus gebetet und ihm gesagt, dass ich wirklich ihm gehören will!"

Aaina konnte nicht lange am Telefon bleiben, denn jetzt kam von unten die Stimme ihrer Mutter, die sie rief. Sie sauste die Treppe hinunter.

„Aaina", sagte ihre Mutter, „wir haben einen guten Mann für dich gefunden. Wann möchtest du ihn kennenlernen?"

Aainas Hochgefühl war wie weggeblasen. Ihre Mutter redete weiter und erzählte ihr, wer der Kandidat war und dass es sich um einen sehr angesehenen Mann handelte.

Aaina schüttelte den Kopf. „Den möchte ich nicht kennenlernen." Sie drehte sich um und ging zurück auf ihr Zimmer, plötzlich tief unglücklich. Warum war ihre Freude nur so kurz gewesen?

Nicht lange darauf, als sie wieder in ihrer Studentenwohnung war, klingelte es an der Tür. Draußen stand (mit der Erlaubnis ihrer Eltern natürlich) der Mann, den ihre Eltern für sie ausgesucht hatten. Er versuchte, ihr zu schmeicheln, um sie freundlich zu stimmen. „Warum machen wir nicht einen kleinen Spaziergang, damit ich dich besser kennenlernen kann?"

Aaina ließ ihn abblitzen. Worauf er wie ein Kind, das seinen Willen nicht bekommt, direkt zu ihren Eltern zurückging und ihnen alles erzählte. Die erbosten Eltern riefen ihre Tochter sofort an.

Vergiftet

Wieder verstummt Aaina. In ihren Augenwinkeln glänzen Tränen. Sie wischt sie fort. „Entschuldigung … Es ist so schwer, darüber zu reden …" Dann lächelt sie wieder. „Aber Jesus war da … die ganze Zeit …" Das scheint sie am meisten zu bewegen.

„Das ist schön, wie du über Jesus Christus redest", sage ich.

„Wirklich?" Sie lächelt. „Ich liebe ihn."

Aainas Eltern bestanden darauf, dass sie dem Heiratskandidaten eine Chance gab. „Und so bin ich hin und wieder mit ihm spazieren gegangen. Er wollte natürlich mehr, zum Beispiel, dass wir in ein Restaurant gingen. Er wollte, dass wir uns verlobten. Aber diesen Schritt machen, das konnte ich nicht, und so sagte ich ihm eines Tages, dass ich Christin geworden war. Er war mordswütend …"

Wieder ging der Mann prompt zu Aainas Eltern und erzählte ihnen, was ihre Tochter getan hatte: dass sie Jesus nachfolgte. Es war für die Familie eine unfassbare Schande.

Eine Weile schweigt Aaina. Ihre Gedanken gehen zurück zu den Monaten, in denen sie im Haus ihrer Eltern eingesperrt war. Später hat sie mir auch davon erzählt, ohne auf die Einzelheiten einzugehen, aber jetzt erwähnt sie das nicht.

„Später lernte ich dann einen Mann kennen – Mark –, mit dem ich mich gut verstand. Wir beteten über unsere Zukunft und beschlossen zu heiraten. Das konnten wir nur heimlich machen, weil mein Mann von Geburt Christ ist und es ihm damit gesetzlich verboten ist, eine Muslima zu heiraten. Um mich offiziell heiraten zu dürfen, hätte er erst Muslim werden müssen, und das wollten wir nicht. Und so trafen wir uns mit ein paar Freunden und dem Pastor in einem Nebenraum der Kirche. Der Pastor segnete uns, und wir waren Mann und Frau. Nach zwanzig Minuten waren wir wieder draußen."

In den Augen des Gesetzes und der Gesellschaft waren Aaina und Mark nicht verheiratet. Dies bedeutete, dass sie nicht zusammenziehen konnten. „Wir sind jetzt sechs Jahre verheiratet, aber ich habe noch nie mit meinem Mann unter einem Dach gewohnt."

Ich frage mich bis heute gelegentlich, welche Szenen Aaina während unseres Gespräches alle durch den Kopf gingen, ohne erwähnt zu werden. Sie berichtet, wie sie kurz darauf flüchten musste, nachdem man ihr einen Cousin als potenziellen Ehemann präsentiert hatte. Als sie auch ihn ablehnte, drohte er sie umzubringen.

Aaina wusste nicht, wo sie war. Sie versuchte, sich zu erinnern. Was war da noch gewesen? Richtig. Das Abendessen zu Hause. Das war das Letzte, woran sie sich erinnern konnte. Aber wo war sie jetzt? In einem Bett in einem weiß gestrichenen Zimmer. Von irgendwoher kamen gedämpfte Stimmen. Jetzt sah sie aus dem Augenwinkel ihre Eltern, die sich mit einem Arzt unterhielten. Sie versuchte, dem Gespräch zu folgen.

„... den Magen ausgepumpt."

„Herr Doktor, es ist sehr wichtig, dass das unter uns bleibt."

„Ich verstehe."

Langsam dämmerte es ihr. Sie war während des Essens vergiftet worden! Hatten ihre Eltern damit zu tun? Nein, sie weigerte sich, das zu glauben. Immerhin hatte jemand sie ins Krankenhaus gebracht; das mussten ihre Eltern gewesen sein. Sie dankte Gott, dass sie noch lebte.

Ihre Eltern verboten ihr, über die Sache zu reden. Das Leben musste weitergehen, hieß die Devise. Aber genau das war Schwerstarbeit für Aaina. In ihrer Familie war bekannt, dass sie Christin war. Ihre Eltern hatten sie schon in ihrem Zimmer eingesperrt; drei Monate hatte sie dort verbracht. Und jetzt wäre sie um ein Haar ermordet worden. Sie war eine verheiratete Frau, aber nur eine Handvoll Menschen wussten das. Sie sehnte sich so nach einem normalen Leben mit Mark. Dass sie dann auf den gewohnten Luxus verzichten müsste, focht sie nicht an; sie war mehr als bereit, den Wohlstand für Gott und für Mark aufzugeben. Aber könnte sie ohne ihre Familie leben?

Dann kam der Tag, wo sie keine Zeit mehr hatte, darüber nachzugrübeln. Sie bekam einen Anruf von ihrem Onkel. Er wollte wissen, wo sie war; er würde gleich ein Auto schicken, das sie abholen würde.

Sämtliche Alarmglocken schrillten. Aaina musste weg. Heute. Sofort. Sie rief ihren Pastor und Mark an und fuhr zum Flughafen. Der Pastor rief einen Amtsbruder in einem anderen Land an und fragte ihn, ob er Aaina aufnehmen konnte. Aaina hatte keine Zeit, sich richtig von Mark zu verabschieden; er würde später nachkommen.

Und so verließ Aaina ihr Land, ihre Familie, ihre Gemeinde und ihren Mann. Sie stand unter Schock. Zehn Monate nach unserm ersten Treffen war sie immer noch ganz verängstigt.

„Mein Mann sollte eigentlich nachkommen, aber er hat hier keine Aufenthaltsgenehmigung bekommen. Im Augenblick ist unsere einzige Hoffnung, dass ich in irgendeinem westlichen Land Asyl beantragen kann. Wenn sie mich nehmen, kann mein Mann nachkommen."

Aaina weint leise. Ich bete mit ihr. Sie flüstert: „Könnten Sie die Christen im Westen bitten, dafür zu beten, dass mein Mann und ich …" Sie faltet die Hände.

„Dass Sie wieder zueinander kommen?"

„Ja. Bitte."

In dieser Woche sehe ich Aaina noch öfter in der Kirche, wo ich die Interviews mache. Andere Christen haben sie aufgenommen, aber tagsüber ist sie hier in der Kirche. Die Wohnung ihrer Freunde und die Kirche sind die einzigen beiden Orte, wo sie sich sicher fühlt. Da die Gottesdienste mit Kameras aufgezeichnet werden, sitzt Aaina immer ganz hinten, um nicht mit ins Bild zu kommen. Sie hat keine Freunde, nur Brüder und Schwestern im Glauben, denen sie nicht sagen kann, wer sie eigentlich ist. Es ist das Leben einer heimlichen Christin.

Ein paar Monate nach meinem ersten Gespräch mit Aaina höre ich von dem Pastor, der ihr mit dem Asylantrag geholfen hat. Er gibt mir ihre Telefonnummer, sodass ich sie selbst fragen kann, wie es ihr geht.

Zuerst erkennt sie mich nicht und reagiert zögerlich. Nach ein paar Erklärungen weiß sie wieder, wer ich bin, und wir einigen uns darauf, regelmäßig miteinander zu skypen – also über das Internet zu telefonieren, und zwar mit gleichzeitiger Bildübertragung.

Als ich sie frage, wie es ihr geht, sagt sie: „Was soll ich sagen? Ich bin oft so durcheinander. Es fällt mir schwer, mich hier in diesem Land einzugewöhnen. Es ist nicht die Kultur, sondern meine ganze Situation. Zum Glück gibt es hier ein christliches Ehepaar, das sich rührend um mich kümmert, aber außer ihnen kenne ich niemanden. Bald hab ich einen Termin bei der Einwanderungsbehörde; danach werden sie entscheiden, ob ich bleiben kann oder nicht. Ich weiß nicht mehr wohin vor Stress. Meine ganze Zukunft hängt an einem einzigen Gespräch! Werde ich bleiben dürfen? Darf mein Mann, den ich seit zwei Jahren nicht mehr gesehen habe, nachkommen? Oder werden sie mich zurückschicken? Und was dann?"

Ich sage ihr, dass Gott immer bei ihr ist, auch wenn es hart auf hart kommt. Aber ich habe ein schlechtes Gewissen dabei. Ich bin ja nicht in ihrer Lage; da sagt es sich leicht, dass Gott bei ihr ist. Sie antwortet: „Ja, ich weiß, dass er bei mir ist. Gott ist gut."

Sie hat ihren Mann jetzt so lange nicht mehr gesehen, dass es sie regelrecht depressiv macht. „Manchmal telefonieren wir oder schicken uns eine SMS, aber es ist so schwer, dass wir uns nicht an der Hand halten oder umarmen können, wie andere Paare. Wir sind jetzt acht Jahre verheiratet und haben nie zusammen gelebt. Wann können wir endlich ein normales Leben führen? Beten Sie bitte für mich? Ich brauche das so sehr …"

Ich bete mit ihr und sage ihr, dass ich nicht der Einzige bin, der Jesus für sie bittet. „Oh, das tut so gut … Ich glaube fest an die Macht des Gebets."

Allmählich verstehe ich, unter was für einer Spannung Asylbewerber jeden Tag leben müssen. Aaina darf nicht arbeiten, sich nicht in die Gesellschaft integrieren. Sie darf nur Formulare ausfüllen, Gesprächstermine einhalten und warten. Sie hat kaum Geld. Hin und wieder sammeln die Mitarbeiter bei Open Doors für sie; hier fühlen alle mit dieser heimlichen Christin mit.

Abendmahl im Restaurant

Nach einiger Zeit organisiere ich ein Treffen mit Aaina. Zusammen mit einer Kollegin reise ich zu ihr. Wir haben einen Stapel Karten von Open Doors-Freunden dabei; wir hoffen, dass die Karten Aaina etwas aufmuntern werden.

Aaina sieht nicht viel anders aus als bei unserem ersten Zusammentreffen. Nur ihr Haar ist deutlich länger. Sie erklärt uns: „Ich werde es erst wieder schneiden lassen, wenn ich Mark wiedersehe." Wir sitzen in einer Teestube.

„Wir haben dir etwas mitgebracht." Wir überreichen ihr ein Päckchen mit Kosmetika (etwas, woran ich als Mann nicht gedacht hätte) und die Karten. Sie lässt die Karten durch ihre Finger gleiten, hier und da liest sie den Text. „Das ist schön. Die werde in meinem Zimmer aufhängen; dann fühle ich mich nicht mehr so allein."

Denn gerade das belastet sie enorm: Sie fühlt sich sehr allein. Sie ist froh über die Menschen, die ihr helfen, aber sie trifft auch auf viel Unverständnis. Warum tut sie dieses nicht, warum fängt sie jenes nicht an? Warum erlernt sie nicht endlich die Sprache des Landes, in das sie gekommen ist? Fast täglich hört sie solche Fragen. Aber sie kann sich nicht aufraffen. Die ungewisse Zukunft und die Angst, dass ihr etwas zustoßen könnte, nehmen ihr alle Kraft. Gelegentlich klingelt ihr Handy. Es klingelt nur einmal, und das bedeutet, dass es Mark ist, der ihr auf diese Art sagt, dass er sie liebt. „Heute Abend ruf ich ihn zurück", sagt Aaina. Aber er ruft immer wieder an, und so ruft sie ihn schon jetzt zurück; auch sie lässt sein Telefon exakt einmal klingeln. Sie erklärt: „Richtige Anrufe können wir uns nur selten leisten, die sind so teuer. Also machen wir es so."

Wir fragen sie, ob sie gerne etwas unternehmen möchte, vielleicht in ein Restaurant gehen, einen Spaziergang machen oder shoppen gehen. Sie hat keine besonderen Wünsche. „Entscheiden Sie das; ich komme dann mit."

Sie scheint ihren Lebensmut verloren zu haben. Abends gehen wir in ein italienisches Restaurant. Als Aaina und meine Kollegin zur Toilette gegangen sind, habe ich plötzlich eine Idee. Ich bestelle etwas Brot und ein Glas Wein.

„Wir müssen uns bald verabschieden", sage ich, als die beiden zurückkommen. „Aber ich würde gerne noch eines machen, bevor wir gehen. Wann haben Sie das letzte Mal am heiligen Abendmahl teilgenommen, Aaina?"

„Oh, das ist Jahre her."

Ich nehme meine englische Bibel heraus und lese die Einsetzungsworte des Abendmahls. Dann brechen wir gemeinsam das Brot und trinken den Wein. Wir sitzen in diesem vollen Restaurant. Mir ist klar: Diese vielen Menschen hier wissen nicht, dass im Raum eine heimliche Christin sitzt. Sie wissen auch nicht, was wir da machen – dass wir das Abendmahl feiern, in der Gemeinschaft mit Jesus Christus und miteinander. Die freie und die verfolgte Kirche treffen sich an diesem Tisch.

Wir verlassen das Restaurant. „Wir müssen noch beten", sage ich. Wir biegen in eine stille Seitengasse ein. Meine Kollegin und ich beten auf Englisch, Aaina auf Arabisch.

Auf dem Weg zum Flughafen machen wir Pläne für die Zukunft. „Eines Tages besuchst du uns, Aaina", sagt meine Kollegin. „Und dann bringst du Mark mit."

„Das wäre so schön", antwortet Aaina. „Ich möchte wirklich gerne mal in einem Flugzeug sitzen, ohne auf der Flucht zu sein."

Es ist ihr erster Witz an diesem Tag, und selbst darin liegt noch ein ernster Unterton.

Wie Petrus auf dem Wasser

Einige Zeit später skype ich wieder mit Aaina. Sie wirkt noch deprimierter. Über ihren Asylantrag ist immer noch nicht entschieden worden, und Mark ist gesundheitlich und seelisch angeschlagen. „Warum greift Gott nicht ein?" Das ist die Frage, die sie mir und sich selbst stellt. „Warum dauert das alles so lange?"

Mir kommt plötzlich eine andere Frage in den Sinn. Warum wirst du nicht einfach wieder eine Muslima? Würde Aaina zum Islam zurückkehren – man würde sie mit offenen Armen aufnehmen. Sie könnte sofort zurück in ihr Land, in ihr behagliches altes Leben und zu ihrer Familie, die sie so vermisst. Aber sie möchte Gott treu bleiben. Und Mark.

„Spüren Sie manchmal noch Freude, Aaina?", frage ich. Ich kann mir nicht vorstellen, dass sie mit Ja antworten wird. Aber ist es nicht die Freude über unsere Erlösung, die uns Kraft gibt und weitermachen lässt, wenn das Leben schwer wird? Deshalb habe ich sie gefragt.

Aaina antwortet: „Ganz tief innen spüre ich Freude, doch. Weißt du, ich fühle mich gerade wie Petrus, als er mitten auf dem See aus dem Boot stieg. Um mich herum ist es dunkel und der Sturm tobt. Hinter mir, im Boot, sind die anderen Jünger, aber ich kann nicht zurück. Es ist kalt und nass. Aber solange ich nach vorne schaue, zu dem hellen Licht, zu Jesus persönlich, werde ich nicht untergehen."

„Und weißt du was?", erwidere ich. „Wenn ein Tag kommt, an dem du doch untergehst, wird Jesus dich aus dem Wasser ziehen, genau wie damals Petrus."

„Gott ist gut"

Ein Anruf. An der Nummer auf meinem Display sehe ich, dass es Aaina ist. Ich gehe in eine ruhige Ecke im Büro. „Jan! Jan! Es hat geklappt! Ich bin als Asylantin anerkannt!"

Ich stoße einen Freudenschrei aus. Gemeinsam danken wir Gott. Jetzt kann sie endlich bald ihren Mann wiedersehen!

Das dauert noch ein paar Monate, die für Aaina nicht leicht sind, doch dann kommt der Tag, an dem auch Mark seine Aufenthaltsgenehmigung für Aainas neues Heimatland bekommt. Sie haben gerade erst angefangen, sich ein gemeinsames Leben aufzubauen, und der Weg zur inneren Heilung ist noch weit, aber sie sind endlich zusammen.

In ihrer typischen Art fasst Aaina ihre Geschichte in drei Worten zusammen: „Gott ist gut."

1. „Meint ihr, Gott wird seinen Auserwählten nicht zum Recht verhelfen, wenn sie ihn Tag und Nacht darum bitten?" (Lukas 18,7) Jesus fordert uns auf, ständig unsere Stimme zu Gott zu erheben. In unseren Gebeten dürfen – nein: sollen – wir unsere Nöte vor ihn bringen. Natürlich ist beten viel mehr, als Gott zu sagen, was wir brauchen. Aber wo Ungerechtigkeit ist, können wir dies jederzeit vor seinen Thron bringen. In Offenbarung 8 steht vor Gottes Thron ein Altar mit unseren Gebeten. Er hat sie ständig vor Augen, kein einziges geht verloren. Er ist der liebende, allmächtige und allwissende Gott; er verfährt mit unseren Gebeten so, wie es am besten ist. In diesem Vertrauen können wir beten und glauben. Aaina hat das getan, und das Gleiche machten die Open Doors-Freunde. Tag und Nacht stiegen Gebete für Aaina auf zu Gottes Thron, und Gott hielt (und hält) Aaina und Mark in seiner Hand.

2. „Lasst den Mut nicht sinken, denn die Freude am Herrn gibt euch Kraft!" (aus Nehemia 8,10) Freude ist eine tiefe Wirklichkeit im Leben von Christen. Im Neuen Testament lesen wir, dass die Apostel freudig für Gott ins Gefängnis gingen. Jesus selbst konnte den qualvollen Tod am Kreuz aushalten, weil er wusste, was für eine große Freude auf ihn wartete (Hebräer 12,2). Wenn die Verzweiflung sie überwältigen wollte, erlebte Aaina tief in ihrem Inneren Freude, und es war diese Freude, die ihr die Kraft gab, jeden Morgen aufzustehen.

3. „‚Komm her!', antwortete Jesus. Petrus stieg aus dem Boot und ging Jesus auf dem Wasser entgegen" (Matthäus 14,29).

Es steckt viel geistliche Weisheit in der Szene, wo Jesus auf dem Wasser geht und Petrus zu sich kommen lässt. Wie Petrus hatte auch Aaina Jesus gefragt, ob sie zu ihm kommen könnte. In der biblischen Geschichte ist Petrus der einzige der Jünger, der diese Frage stellt. Was bereits die erste wichtige Erkenntnis ist: Nicht jeder, der Jesus nachfolgt, traut sich, wirklich zu ihm zu gehen. Seine Einladung annehmen bedeutet manchmal, dass wir auf das Wasser gehen müssen. Aania wusste, was für ein Risiko sie einging, als sie Christin wurde. Aber sie entschied sich für Jesus, und wenn es richtig schwer wurde, wenn die Wellen hoch wogten und die Nacht lang, kalt und nass war, hielt sie ihren Blick ganz auf das helle Licht vor ihr gerichtet, auf Jesus Christus selbst. Solange sie auf ihn schaute, sank sie nicht.

Zum Nachdenken

Wie viel Freude erleben Sie in Ihrem christlichen Glauben? Was können Sie tun oder was müsste passieren, damit Sie mehr Freude erleben?

Was Sie tun können

Sie könnten sich zum Beispiel von Open Doors den monatlichen Gebetskalender schicken lassen, mit dem Sie täglich oder jede Woche für (verfolgte) Christen beten. Wenn Ihnen ein bestimmtes Gebetsanliegen besonders ins Auge springt, dann beten Sie täglich für diesen Christen; dann hat Gott selbst Ihnen diese Person ans Herz gelegt.

Siehe, des Herrn Arm ist nicht zu kurz, dass er nicht helfen könnte, und seine Ohren sind nicht hart geworden, sodass er nicht hören könnte. Jesaja (Jesaja 59,1; revidierte Lutherbibel)

8

Jan: Der Glaube – hoffen auf das, was man nicht sieht

Niederlande, freies Europa

Omar ist mein Held. Leider konnte ich ihn nie treffen und weiß fast nichts über ihn. Doch ich hoffe, dass ich eines Tages mit ihm sprechen kann.

Omar war neunundsechzig Jahre alt und noch voll aktiv als Gemeindeleiter in seinem Land. Das nehme ich jedenfalls an. In Somalia geht man nicht „einfach so" mit einer Tasche mit fünfundzwanzig Bibeln auf die Straße. Er taufte auch zahlreiche ehemalige Muslime, die zum christlichen Glauben übergetreten waren.

In Somalia ist so etwas lebensgefährlich. Seit Jahren gibt es in diesem Land keine Regierung. Zurzeit gibt es eine Art Übergangsregierung, die mit der Hilfe äthiopischer Truppen Teile des Landes kontrolliert. Aber es gibt auch islamische Rebellen, die ihre Gegner im Namen Allahs jagen; das betrifft vor allem die Christen.

Omar muss gewusst haben, was für ein Risiko er auf sich nahm, als er in einem überfüllten Bus aus Mogadishu herausfuhr. Nicht weit von der Stadt entfernt hatten die Rebellen einen Kontrollpunkt eingerichtet. Alle Fahrgäste mussten aussteigen. Dann untersuchten die Rebellen ihr Gepäck – und fanden die Tasche mit den Bibeln.

„Wem gehören diese Bibeln?"

Niemand antwortete. Einer der Rebellen zog ein paar Fotos aus der Tasche und fing an, die Gesichter auf ihnen mit denen der Fahrgäste zu vergleichen. Sie erkannten Omar. „Sind das deine Bücher?", fragten sie ihn.

Omar antwortete nicht. Eines Tages würde ich ihn gerne fragen, was er in jenem Augenblick dachte. Betete er? Spürte er inneren Frieden? Wusste er, dass er gleich sterben würde? Ich werde warten müssen, bis ich selbst im Himmel bin, bevor ich ihn das fragen kann.

Die islamistischen Rebellen erschossen Omar auf der Stelle. Seine Leiche nahmen sie mit in die kleine Stadt Merca, wo sie sie auf einem Platz auf die Straße warfen, darüber die Bibeln. Anschließend gaben sie seinen Tod im Radio bekannt, als Warnung für die Bevölkerung.

Omar wurde noch am selben Tag begraben. Seine Frau und seine sieben Kinder konnten nicht dabei sein; die Gefahr, dass auch sie ermordet werden würden, war zu groß.

Solche Geschichten lassen mich nachdenklich werden. Wie hätte ich mich verhalten? Eine Begegnung mit der verfolgten Kirche konfrontiert uns mit der Radikalität des Evangeliums. Jeden Tag vergleichen wir ja die Bibel mit unserem Leben. Wir tun dies zumeist unbewusst. Viele von uns denken beim Lesen des Neuen Testaments nicht über das Thema „Christenverfolgung" nach, während Paulus, inspiriert durch den Heiligen Geist, klar sagt: „Jeder, der an Jesus Christus glaubt und so leben will, wie es Gott gefällt, muss mit Verfolgung rechnen" (2. Timotheus 3,12).

Ich kann diesen Text nicht auf mein persönliches Leben anwenden, weil ich nicht wegen meines Glaubens verfolgt werde. Aber ich kann beschließen, mich mit den Menschen zu identifizieren, die bedrängt werden, weil sie Christen sind, und ich kann versuchen, ihnen zu helfen. Darum habe ich dieses Buch geschrieben.

Es war nicht einfach, es zu schreiben. Es gab Augenblicke, wo ich unterbrechen musste, weil mir von dem, was Menschen einander antun können, buchstäblich schlecht wurde. Ich habe die Fotos von Novianas enthaupteten Freundinnen nicht ins Buch aufgenommen, auch nicht die schlimmeren Details von Hyos Folterungen. Vor meinem inneren Auge sehe ich immer noch Allinas traurige Augen und ich höre, wie Takoosh sagt, dass sie den Mördern ihres Mannes jeden Tag neu vergeben muss.

Doch mein Erschrecken und mein Schmerz sind nicht so wichtig. Sie gehören zu meiner Teilhabe an den Leiden der verfolgten Kirche. Wie Gott in 1. Korinther 12,26 sagt: „Leidet ein Teil des Körpers, so leiden alle anderen mit, und wird ein Teil geehrt, freuen sich auch alle anderen." Wir haben Teil an dem Leiden, aber auch an der Freude.

Alle Christen in diesem Buch können aus vollem Herzen sagen: „Jesus ist mein Retter." Dieser Satz beschreibt ihre persönliche Beziehung zu ihrem Erlöser. Er hat nicht nur sein Leben gegeben, damit wir in alle Ewigkeit gerettet sind, er nimmt auch zutiefst Anteil an unserem Ergehen hier auf dieser Erde. Er hat selbst gesagt: „Ich lasse dich nicht im Stich, nie wende ich mich von dir ab" (Hebräer 13,5).

Offenbar ist Gott vor allem dann nahe, wenn wir für ihn leiden. C. S. Lewis nennt in seinem Buch „Über den Schmerz" das Leiden Gottes Megafon, mit dem er eine taub gewordene Welt aufwecken will. Zu dem gleichen Ergebnis kommen einige der Pastoren, die ich in Nigeria kennenlernte. Sie sagen: „Es tobt ein Kampf in Nigeria, ein Kampf um die Seele unseres Landes. Gott versucht, uns etwas zu sagen."

Die Christen in Nigeria haben die Gewalt mehr als satt. Zur Kirche zu gehen ist in manchen Landesteilen fast so etwas wie russisches Roulette geworden. Jeden Sonntag gibt es irgendwo im Land Überfälle auf Kirchen, werden Christen ermordet. Die Stimmen, die fordern, dass die Christen zurückschlagen müssen, werden immer lauter. Doch damit spielt man den Gewalttätern nur in die Hände – sie wollen ja den Bürgerkrieg. Auch Muslime fallen im Übrigen immer wieder den Anschlägen der islamistischen Terrorgruppe „Boko Haram" zum Opfer.

Einer der Pastoren, die ich besuchte, forderte in seiner Predigt seine Gemeinde auf, die Muslime zu lieben. Ein junger Mann sprang auf und rief: „Das dürfen wir nicht! Wir müssen zurückschlagen!"

Der Pastor blieb ganz ruhig und lud den Zwischenrufer ein, nach vorne zu kommen und seine Meinung zu erklären. Dann fragte er ihn, wer Jesus für ihn war.

„Na, er ist mein Heiland."

„Nur dein Heiland?"

„Und mein Herr, natürlich."

„Und was bedeutet das, dass er dein Herr ist?"

„Das ich ihm mein Leben übergeben habe."

„Gut. Und glaubst du alles, was in der Bibel steht?"

„Natürlich! Jedes Wort."

Darauf las der Pastor den Befehl von Jesus vor, dass wir unsere Feinde lieben sollen. Dem hatte der junge Mann nichts entgegenzusetzen. Der Pastor fuhr fort: „Wir müssen tun, was Jesus sagt, egal, wie die Umstände sind. Vielleicht stehen wir in Nigeria deswegen so unter Druck, weil wir in der Vergangenheit unseren muslimischen Brüdern die Liebe Christi nicht so gezeigt haben, wie es sein sollte. Und jetzt, in diesem Klima der Gewalt, ist es viel schwieriger, diese Menschen zu erreichen."

Die Stimme der nigerianischen Kirche findet ein Echo in unserer eigenen Situation im Westen. Könnte es sein, dass im christlichen Europa die Kirche deswegen immer weniger wahrgenommen wird, weil auch wir unseren Mitmenschen die Liebe Christi nicht richtig gezeigt haben? Könnte es sein, dass heute nicht nur ein Kampf um die Seele Nigerias tobt, sondern auch um die Englands, Deutschlands, Belgiens, der Niederlande usw.?

„Gott möchte uns durch all das Leiden etwas zeigen", sagen die nigerianischen Pastoren. Es ist eine Theologie, die für mich schwer verdaulich ist, aber es ist die Sichtweise vieler verfolgter Christen.

In den bald zehn Jahren, die ich mich mit der verfolgten Kirche beschäftige, habe ich mich oft gefragt, was denn der Unterschied ist zwischen der verfolgten und der freien Kirche. Oder, persönlicher formuliert: Was ist der Unterschied zwischen einem verfolgten Christen und mir? Von den äußeren Umständen einmal abgesehen, muss es gar keinen Unterschied geben. Die entscheidende Frage für alle Christen ist, inwieweit wir damit Ernst machen, Jesus zu vertrauen. Wenn wir ihm wirklich vertrauen, werden wir ihm nachfolgen.

Was bedeutet das für unseren Lebensstil? Paulus schrieb an die Philipper: „Denn Christus ist mein Leben und das Sterben für mich nur Gewinn" (Philipper 1,21). Das ist verrückt. Haben Sie schon einmal darüber nachgedacht? Wie kann Sterben denn Gewinn sein? Ich soll doch hier auf der Erde Jesus dienen! Hier im irdischen Leben finden unsere Besuche und Fußballspiele statt, haben wir unsere Freunde und unsere Arbeit. Wie kann da Sterben Gewinn sein?

Ob Petrus wohl Paulus von seiner Begegnung mit dem auferstandenen Jesus am See Genezareth erzählt hat? In dieser Szene im letzten Kapitel des Johannesevangeliums eröffnet Jesus Petrus, dass ihn einmal jemand dorthin führen wird, wo er nicht hin will, und Johannes kommentiert: „Damit deutete Jesus an, durch welchen Tod Petrus einmal Gott ehren würde" (Johannes 21,19). Gott ehren. Wie kann ich Gott durch meinen Tod ehren?

Wir ehren Gott dann durch unseren Tod, wenn wir durch unser Sterben demonstrieren, dass uns Gott wichtiger ist als unser Leben. Wir ehren ihn in unserem Tod, wenn wir alles zurücklassen und voller Erwartung nach vorne schauen, zu der Belohnung, die auf uns wartet. Und die größte Belohnung ist, dass wir für immer bei unserem Herrn und Erlöser sein werden. Wenn Sie der einzige Sünder auf der Erde wären, wäre Jesus trotzdem ans Kreuz gegangen. Das ist der Gott, der auf uns wartet.

Aber wie werde ich dazu fähig, mit meinem Leben und meinem Sterben Jesus zu ehren? Dazu muss ich vor allem anderen eine Entscheidung treffen. Wie jene armenischen Mönche, zu denen im 19. Jahrhundert die Türken kamen. Sie mussten sich aufstellen und bekamen die Wahl: Islam oder das Schwert. Wer nicht einwilligte, Muslim zu werden, bekam einen Schwerthieb in den Bauch; der Tod war langsam und qualvoll. Einer nach dem anderen wählten die Armenier das Schwert.

Was hätten Sie getan? Würden Sie in einer vergleichbaren Situation ebenfalls Jesus wählen? Glauben Sie mir: Wenn der Tag kommt, an dem Sie sich entscheiden müssen, ob Sie für Jesus sterben oder für die Welt leben wollen, und Sie denken an diesem Tag zum ersten Mal über diese Entscheidung nach, dann werden Sie die Welt wählen.

Nehmen Sie Allina aus Tschetschenien. Ihre Bibelkenntnisse sind mehr als lückenhaft. Eigentlich weiß sie nur, dass Gott sie, eine arme Witwe mit vier Kindern, liebt. Aber das reicht. Sie ist bereit, für ihn zu sterben.

Aber sie will auch für ihn leben! Das ist nicht bei allen Christen so. Ein pakistanischer Pastor sagte mir, dass die meisten Christen in seinem Land zwar lieber sterben würden, als Muslime zu werden – aber sie sind nicht bereit, mit aller Konsequenz für Jesus Christus zu leben.

Auch ich finde es sehr schwierig, für Jesus zu leben. Vor einiger Zeit, als ich in meiner Gemeinde war, musste ich denken: Was hat unser Glaube unsere Gemeinde gekostet? Wie viele von uns sind im Gefängnis gewesen? Wie viele haben ihr Leben für das Evangelium gegeben? Und ich sagte zu Gott: „Herr, wenn unsere Gemeinde anders werden muss, dann fang bei mir an." Aber ich finde es viel schwieriger, in meinem ganz banalen Alltag Entscheidungen für Gott zu treffen. Es gibt ja so viele Versuchungen. Niemand nimmt Notiz davon, wenn wir *nicht* radikal Jesus nachfolgen.

Ich muss auch zugeben, dass mir manchmal Zweifel an Gottes Güte kommen. Vor allem dann, wenn ich mir Nordkorea anschaue und Menschen treffe, die dort die unsäglichsten Dinge erlebt haben. Ich weiß noch, wie ich nach meinem Treffen mit Eun-Sook im Flugzeug saß.

Eun-Sook ist eine chinesisch-koreanische Frau mit Verwandten in Nordkorea. Eines Tages stand ihre Nichte Mi-Young vor ihrer Tür. Sie war nach China geflohen, wo man sie mit einem armen chinesischen Bauern zwangsverheiratet hatte, der sehr brutal zu ihr war. Sie hatte bereits mehrere Kinder von ihm; dazu kam eine Tochter in Nordkorea, die bereits im Teenageralter war.

Mi-Young brauchte Geld. Sie war nicht mehr fähig, andere Menschen zu lieben oder auch nur ihnen zu vertrauen. Eun-Sook half ihr, so gut sie konnte, obwohl Mi-Young sie wiederholt anlog. Eun-Sook vergab ihr und brach nicht mit ihr. Und langsam, ganz langsam, wurde Mi-Young anders. Sie wurde fähig, Eun-Sook zu vertrauen. Die beiden weinten zusammen, lasen manchmal in der Bibel und beteten. Dies krempelte Mi-Youngs Herz komplett um. Sie fing an, ihre Kinder zu lieben.

Mi-Young wollte nicht sofort nach Südkorea fliehen. Sie wollte erst warten, bis ihre Tochter in Nordkorea alt genug war, um nach China zu kommen; dann könnte sie mit ihrer ganzen Familie nach Südkorea; ob ihr Mann, ein Alkoholiker, mitgehen würde, wusste sie nicht.

Dann kam der Tag, wo die Polizei zu Eun-Sook kam, als Mi-Young gerade zu Besuch war. Die Beamten nahmen beide Frauen mit. Man versuchte, Eun-Sook dazu zu bringen, Informationen über andere Flüchtlinge zu liefern. „Wissen Sie, was wir mit Mi-Young machen werden?", fragte der Verhörbeamte sie.

„Ja. Sie werden sie zurück nach Nordkorea schicken."

„Und was wird dort mit ihr geschehen?"

Eun-Sook begann zu weinen. „Sie werden sie ermorden! Bitte schicken Sie sie nicht zurück! Schicken Sie stattdessen mich! Sie hat kleine Kinder, ich habe niemand. Schicken Sie mich!"

Der Beamte sagte Nein. In der Nacht kam einer der Polizisten in Eun-Sooks Zelle. Er war sichtlich betrunken. „Am liebsten würde ich Ihre Freundin freilassen", sagte er.

„Warum machen Sie das dann nicht?", fragte Eun-Sook.

„Weil ich dann meine Stelle verlieren würde. Ich habe Frau und Kinder, die von irgendwas leben müssen."

Was für ein Bild dieser Welt! Hier Eun-Sook, die bereit war, ihr Leben zu opfern, dort der Polizist, der nicht seine Stelle verlieren wollte. Hier eine Frau, die die Stimme von Jesus gehört hatte und aus dem Boot ausgestiegen war, dort ein Mann, der nur sah, was die Welt ihm zu bieten hatte.

Eun-Sook kam wieder frei. Mi-Young wurde zurück nach Nordkorea transportiert, wo sie in ein Arbeitslager kam. Soweit wir wissen, ist sie noch dort.

Als ich ein paar Monate nach ihrer Verhaftung mit Eun-Sook sprach, hatte sie immer noch massive Schuldgefühle. „Wegen mir ist meine Nichte in ein Lager gekommen. Wäre sie nicht in mein Haus gekommen, um die Bibel zu lesen, wäre das nicht passiert. Jedes Mal, wenn ich draußen Kinder lachen oder spielen höre, muss ich an Mi-Youngs Kinder denken, die jetzt ohne Mutter leben müssen. Manchmal spüre ich buchstäblich den kalten Fußboden, die Angst, den Hunger und die Erschöpfung, die Mi-Young dort im Lager durchmachen muss. Sicher, Open Doors hilft den Kindern finanziell, aber …"

Gott hat Eun-Sook viele Worte des Trostes gegeben, vor allem durch den 23. Psalm. „Dieser Psalm hat mir sehr geholfen." Eun-Sook hält inne. „Aber ... ich bete ..., dass Mi-Young an ihrem Glauben festhält. Ich weiß, Gott ist treu, aber Mi-Young ist noch so jung im Glauben. Sie hatte so schöne Träume ... Sie träumte davon, ihre nordkoreanische Tochter wiederzusehen, ihr das Evangelium zu erzählen und zusammen mit ihr in ein Land zu gehen, wo sie in Sicherheit wären und wo sie mit allen ihren Kindern ein neues Leben aufbauen könnte. Und jetzt wacht sie stattdessen jeden Morgen in der Hölle auf."

Ich betete für Eun-Sook. Dann stand sie auf und sagte: „Ich muss mich damit abfinden, dass Mi-Young jetzt im Tal der Todesschatten ist, aber ich weiß, dass Gott auch dort bei ihr ist und sie führt und tröstet. Er ist immer bei uns, wo wir auch sind."

Als ich im Flugzeug saß und dieses Gespräch Revue passieren ließ, wollte der Schmerz mich überwältigen. Ich suchte nach Trost in der Bibel und kam zu Römer 8,18: „Ich bin ganz sicher, dass alles, was wir zurzeit erleiden, nichts ist verglichen mit der Herrlichkeit, die Gott uns einmal schenken möchte."

Ich ließ diesen Vers in mich sinken. Paulus, der Apostel, der selbst so viel leiden musste, sagt hier, dass das Leiden in diesem Leben nichts ist im Vergleich zu der Belohnung, die wir einmal erhalten werden. „Herr", betete ich, „das kann ich nicht so sehen. Wenn ich auf Nordkorea schaue oder auf andere Länder, wo Christen verfolgt werden, dann sehe ich nicht, dass die Belohnung viel größer ist als das Leiden."

Sofort kam mir ein Gedanke. Es war, als ob Gott mir sagte:

„Aber Jan, ist das nicht genau das, was Glaube heißt? Glaube heißt, auf das hoffen, was man nicht sehen kann."

Ich habe damals gelernt, dass wir die Bibel nicht durch die Brille der Welt betrachten dürfen, sondern die Welt durch die Brille der Bibel. Hier kann uns die verfolgte Kirche helfen. Die Hauptpersonen in diesem Buch haben gelernt, die jeweilige Situation mit Gottes Augen zu sehen. Gott ist der Herr, immer – auch wenn wir es nicht sehen können. Und wie einst Josef seinen Brüdern sagte: Gott kann selbst aus Bösem Gutes kommen lassen. Er hält jeden Menschen in seiner Hand.

Das Leben ist weiterhin nicht leicht für Allina, aber sie folgt Jesus von ganzem Herzen nach. Lee Joo-Chan und Hyo kämpfen mit den Schatten der Vergangenheit, aber immer wieder bricht die Sonne der Liebe Gottes zu ihnen durch. Vor ein paar Wochen rief Hyo mich ganz begeistert an. „Jan, meine Oma ist in Südkorea!" Die Großmutter, die den fast zu Tode gefolterten Hyo mit der Schubkarre am Gefängnis abholte, lebt noch, und entgegen allen Befürchtungen kann Hyo sie wiedersehen.

Hea Woo ist glücklich und zufrieden in Südkorea. Ihre Gebete sind erhört worden. Sie kann anderen Christen ihr Glaubenszeugnis weitergeben; dieses Buch ist der Beweis dafür, dass ihr Gebet erhört worden ist. Haik und Mehdi sind von uns gegangen, aber die Kirche im Iran wächst wie nie zuvor, und Haiks Familie spielt dabei durch ihre Fernsehsendungen, mit denen sie von den USA aus Christen schult und Muslimen von Jesus erzählt, eine große Rolle.

Ich habe leider keinen Kontakt mehr zu Achmed, aber ich bin überzeugt, dass sein größter Wunsch in Erfüllung gegangen ist: dass er seinen Kindern das Evangelium erklären konnte. Noviana ist durch die vielen Karten, die sie bekommen hat, sehr ermutigt worden. Natürlich gibt es nach wie vor schwierige Stunden für sie; Vergeben bedeutet ja nicht Vergessen.

Aaina und Mark versuchen zurzeit, ihr Leben wieder aufzubauen. Das ist nicht einfach. Auch wenn sie jetzt weit entfernt von ihrem Heimatland leben, sind sie in gewissem Sinne immer noch Menschen, die sich verstecken müssen. Aaina würde so gerne Kontakt zu ihren Verwandten aufnehmen, doch dies ist immer noch viel zu gefährlich. Aber sie weiß auch, dass Gott treu ist.

Die Gespräche mit verfolgten Christen haben mein Leben verändert. Ich habe erkannt, dass wir – die „freien" und die verfolgten Christen – zu *einem* Leib gehören, dem Leib Christi. Gemeinsam lachen und weinen, bauen und beten wir. Und gemeinsam leiden wir.

Die verfolgten Christen sind im Garten Gethsemane, dem Garten des Schmerzes. Sie fühlen sich dort einsam und verlassen, aber durch das Gebet können wir zu ihnen kommen, uns neben sie setzen und ihren Schmerz mit ihnen tragen. Und noch eine dritte Person ist in diesem Garten: Jesus Christus selbst. Er kennt unseren Schmerz und trägt ihn. Sein Opfer vor zweitausend Jahren bedeutet, dass unser Leiden heute nicht sinnlos ist. Ja, mehr noch, wie Paulus schreibt: Das Leiden dieser Zeit ist nichts im Vergleich zu der Herrlichkeit, die Gott uns einmal schenken wird.

Zum Nachdenken

Sind Sie bereit bzw. trauen Sie sich, sich von Gott in seinen Dienst nehmen zu lassen? Wenn ja, dann können Sie jetzt ein Gebet sprechen, das viele verfolgte Christen beten. Es ist das gefährlichste Gebet auf der Erde: „Herr, hier bin ich."

Der Dienst von Open Doors

Über 100 Millionen Menschen leiden heute aufgrund ihres christlichen Glaubens unter Benachteiligung und Verfolgung. Manchen wird verboten, Gottesdienste zu besuchen oder sich zum Gebet zu versammeln. Wieder andere werden wegen ihres Glaubens an Jesus Christus gefoltert oder gar ermordet. Open Doors ist ein überkonfessionelles christliches Hilfswerk, das sich seit fast 60 Jahren weltweit für verfolgte Christen einsetzt.

Wie es begann

Die Arbeit begann 1955 mit dem Schmuggeln von Bibeln hinter den Eisernen Vorhang. Damals brachte der Holländer Anne van der Bijl, der als Bruder Andrew oder – nach seiner Bestseller-Autobiografie – als „Der Schmuggler Gottes" bekannt wurde, Bibeln in Länder von Polen bis nach China. Heute ist Open Doors in rund 50 Ländern aktiv, vor allem in Asien, Afrika sowie dem Nahen und Mittleren Osten.

Schwerpunktbereiche unseres Dienstes

- Verteilung von Bibeln und christlichem Schulungsmaterial
- Ausbildung von Pastoren und Mitarbeitern der Untergrundgemeinden
- Gefangenenhilfe und Unterstützung der Familien von ermordeten Christen
- Aufbau von Zufluchtsstätten für ehemalige Muslime, die Christus angenommen haben
- Soziale Hilfsprojekte für mittellose Christen in der Verfolgung (Hilfe zur Selbsthilfe)
- Nothilfeprojekte in Konflikt- und Katastrophengebieten
- Information, Gebets- und Hilfsaufrufe an die Christen in der freien Welt

Was Sie tun können

Wer für verfolgte Christen beten möchte, kann das monatliche Open Doors-Magazin kostenlos beziehen.

Darin gibt es aktuelle Berichte von der verfolgten Kirche, konkrete Gebetsanliegen für jeden Tag des Monats und Projektbeispiele.

Darüber hinaus gibt es eine Vielzahl von Möglichkeiten, sich für verfolgte Christen zu engagieren. Gerne kommen Mitarbeiter von Open Doors auch zu Vorträgen oder zu Predigten in Ihre Gemeinde. Sprechen Sie uns an:

Open Doors Deutschland
Postfach 1142, 65761 Kelkheim
Telefon +49-(0)6195-6767 0
Telefax +49-(0)6195-6767 20
Internet: www.opendoors.de
E-Mail: info@opendoors.de
Postbank Karlsruhe,
BLZ 660 100 75, Konto 315 185 750
IBAN: DE 67 6601 0075 0315 1857 50
BIC: PBNKDEFF

Open Doors Schweiz
Postfach 147
CH-1032 Romanel s/Lausanne
Telefon +41-(0)21-731 01 40
Telefax +41-(0)21-731 01 49
Internet: www.opendoors.ch
E-Mail: info@opendoors.ch
Postkonto Schweiz: 34-4791-0

www.facebook.com/opendoorsDE

Jan Vermeer

Das Haus mit dem Zeichen

272 Seiten, Taschenbuch, 2. Auflage
ISBN 978-3-7655-4136-0

Bitterer Hunger herrscht in Nordkorea. Wenn man keinen Partei-posten hat, bleiben zum Essen nur Blätter und Gras. Der junge Zhang macht sich auf den Weg ins große Nachbarland China. Sein bester Freund Jin begleitet ihn. Die beiden 19-Jährigen haben sich geschworen, ihr ganzes Leben füreinander einzustehen. In China findet Zhang Rettung im Haus mit dem unbekannten Zeichen. Nach seiner Rückkehr muss er unter dramatischen Umständen er-kennen, dass sein Freund ihm nicht mehr die Treue hält. Trotz aller Tragik gibt es am Ende für Zhang ein Finale der Hoffnung.

Eine ergreifende Geschichte von Liebe, Schmerz, Hoffnung und Vergebung.

Tom Doyle/Greg Webster

Träume und Visionen

Wie Muslime heute Jesus erfahren
23 wahre Geschichten

240 Seiten, Taschenbuch, 3. Auflage
ISBN 978-3-7655-4210-7

Unbemerkt von der Weltöffentlichkeit vollzieht sich in der muslimischen Welt eine unvergleichliche Bewegung: Muslime erzählen,
dass Jesus ihnen in Träumen oder Visionen erschienen ist und sie in
seine Nachfolge gerufen hat. Dies geschieht u. a. in Ägypten, Saudi-Arabien, Iran, Jordanien, Syrien, Irak, Israel, Afghanistan und
zentralasiatischen Ländern. Bis vor etwa 15 Jahren waren das nach
Einschätzung von Tom Doyle einzelne Berichte, die er damals nicht
ernst genommen habe. Aber inzwischen erzählen 25-30% der Konvertiten, dass Jesus ihnen im Traum oder in Visionen erschienen ist.
Viele führt er dann zu anderen Konvertiten, um eine Einführung
in den Glauben zu bekommen. Andere nutzen heimlich christliche
Fernsehsender, um mehr zu erfahren. Viele Konvertiten gehen mit
ihrem Glaubenswechsel ein hohes Risiko ein. Doyle berichtet stell-
vertretend für andere von einer jungen Frau, die nach ihrer Konver-
sion vom eigenen Bruder ermordet wird.

Die beiden Autoren schreiben sehr anschaulich, mit viel
Lokalkolorit und Einblicken in die Kultur, sehr spannend und
emotional.

Tom Doyle kennt alle Personen, von denen er erzählt, persönlich und hat die Berichte überprüft.

Bruder Andrew/Al Janssen

Verräter ihres Glaubens

Das gefährliche Leben von Muslimen,
die Christen wurden

416 Seiten, Taschenbuch, 4. Auflage
ISBN 978-3-7655-4019-6

Ahmed war von Jesus so fasziniert, dass er in der Moschee öffentlich eine sehr gefährliche Frage stellte. Den anschließenden
Schlägen und Misshandlungen seiner Familie konnte er nach einigen Tagen entkommen. Doch wohin jetzt? Er musste untertauchen. Bald trifft er Mustafa. Dieser gehört zur örtlichen Muslimbruderschaft. Ahmed traut seinen Ohren nicht, als Mustafa ihm
von seiner Sehnsucht erzählt, die die Evangelien in ihm ausgelöst
haben. Im Auftrag seiner islamistischen Gruppe sollte Mustafa
eine Streitschrift schreiben, welche die Fehler des Neuen Testaments darstellt und die Gültigkeit des Korans betont. Das konnte
er nicht tun, ohne die Evangelien vorher zu lesen, meinte Mustafa.
Noch mehr junge Männer und Frauen stoßen in kurzer Zeit zu
ihnen – sie alle müssen untertauchen, brauchen eine Bleibe, etwas
zu essen und Arbeit. Vorsichtig suchen sie nach einem Ausweg.
Doch er könnte sie das Leben kosten …

Dies ist ihre atemberaubende Geschichte, die sie ihrem Freund
Bruder Andrew erzählt haben.

Nik Ripken/Gregg Lewis

Gottes unfassbare Wege

Wie mein Glaube durch verfolgte Christen
radikal erneuert wurde

336 Seiten, Taschenbuch,
ISBN 978-3-7655-4204-6

Als Jugendlicher erfährt Nik Ripken Gott auf ungewöhnliche
Weise. Er nimmt seinen Ruf an und geht 1992 nach Somalia. Fas-
sungslos erlebt er die Not und Dunkelheit in dem Bürgerkriegs-
land. Dort gewinnt er das Vertrauen vieler Menschen und erfährt
tiefe Menschlichkeit und Hilfsbereitschaft. Doch die Verhältnisse
in Somalia erschüttern sein Vertrauen auf Gott: Wirkt Jesus als
Auferstandener heute überhaupt noch? Oder ist das mit Gott alles
bloß noch Geschichte?

Erst als Ripken Christen kennenlernt, die Verfolgung im Glauben durchgestanden haben, findet er neue Hoffnung: In der ehe-
maligen Sowjetunion, in China und islamisch geprägten Staaten
verschwinden seine tiefen Zweifel an einen lebendigen Gott. In
mehreren muslimischen Ländern erlebt er staunend, dass Jesus
wie in der Apostelgeschichte in Träumen und Visionen wirkt.
Durch die Begegnungen mit verfolgten Christen wird Ripkens
Glaube radikal verwandelt und erneuert. Dies ist sein spannender
und aufwühlender Bericht.

*Ich fühlte mich von Niks Schilderungen in die Zeit der ersten Apostel
zurückversetzt. Und doch geschieht das alles in unserer Zeit!*
                              … aus dem Vorwort von Markus Rode

DVD-Video

Hilferuf aus dem Iran

Die Geschichte der christlichen
Märtyrer im Iran

Begnadeter Prediger, Pastor und Sänger,
leidenschaftlicher Christ und treuer Freund:
Die Geschichte von Haik Hovsepian,
der für seinen Glauben starb

Der preisgekrönte Dokumentarfilm erzählt das Leben und Wirken von Pastor Haik Hovsepian (1945-1994), der im Iran für seinen Glauben an Jesus Christus starb. Mit Originalfilmaufnahmen wird seine beeindruckende Geschichte im Kampf für die Kirche und Religionsfreiheit lebendig. Hovsepian war der Leiter der protestantischen Kirchen im Iran. Als ihm der Hinrichtungsbefehl für einen langjährig inhaftierten Pastor zugespielt wird, organisiert er eine internationale Kampagne zu dessen Freilassung. Mit Erfolg: Pastor Mehdi Dibaj wird freigelassen. Hovsepian war immer als mutiger Verkündiger des Evangeliums aufgetreten, auch für Muslime. Schon lange hatte die Regierung deshalb versucht, ihn durch Drohungen und Versprechungen zum Schweigen zu bringen. Nun war sein Leben akut bedroht. 1994 wurde Hovsepian entführt, brutal misshandelt und ermordet. Ein Zeugnis für tiefen Glauben, Vergebung und Liebe.

Bonusmaterial:
Aufruf seiner Witwe Takoosh Hovsepian
Lied „Mein Vater" von seinem Sohn André

Professionell gemachter Dokumentarfilm mit vielen Original-
filmaufnahmen
Der Weg einer sehr beeindruckenden Persönlichkeit
Mit bewegenden Beiträgen seiner Kinder und seiner Frau

Laufzeit ca. 35 Min.

Zu beziehen bei:
Open Doors, info@opendoors.de, Tel 06195-6767-0